Dulces Delicias
Repostería Creativa para Todos los Gustos

Carlos Fernández

Tabla de contenido

Galletas de avena y pasas 12
Galletas de avena con especias 13
Galletas integrales de avena 14
Galletas De Naranja 15
Galletas de naranja y limón 16
Galletas de naranja y nueces 17
Galletas de naranja y chocolate 18
Galletas De Naranja Especiadas 19
Galletas de mantequilla de maní 20
Remolinos de mantequilla de maní y chocolate 21
Galletas De Avena Y Mantequilla De Maní 22
Galletas de mantequilla de maní con miel y coco 23
Galletas De Pecana 24
Galletas de molinete 25
Galletas rápidas de suero de leche 26
Galletas De Pasas 27
Galletas suaves con pasas 28
Rebanadas de pasas y almíbar 29
Galletas Ratafía 30
Galletas de arroz y granola 31
Cremas Romaníes 32
galletas de arena 33
Galletas con crema agria 34

Galletas con azúcar moreno 35

Galletas de azúcar y nuez moscada 36

Mantecada 37

galletas de mantequilla navideñas... 38

galletas de miel 39

galletas de mantequilla de limón... 40

Galletas de mantequilla picadas 41

Galletas De Nueces 42

Galletas De Naranja 43

Galletas de mantequilla del hombre rico... 44

Galletas de avena integrales 46

Remolinos de almendras.. 47

Galletas De Chocolate Y Merengue 48

galletas, gente.. 49

Tarta helada de jengibre 50

Galletas Shrewsbury 51

galletas especiadas españolas 52

Galletas de hierbas a la antigua usanza 53

galletas de almíbar... 54

Galletas de almíbar, albaricoque y nueces 55

Galletas de almíbar y suero de leche 56

Galletas de almíbar y café 57

Galletas de almíbar y dátiles 58

Galletas de almíbar y jengibre 59

Galletas De Vainilla 60

galletas de nuez 61

Galletas Crujientes 62

biscochos de queso cheddar 63
Galletas De Queso Azul... 64
Galletas De Queso Y Sésamo 65
Palitos de queso 66
Galletas De Queso Y Tomate 67
Bocadillos de queso de cabra 68
Rollitos De Jamón Y Mostaza... 69
Galletas de jamón y jengibre 70
Galletas de especias simples 71
Galletas indias.. 72
Galletas de mantequilla de avellanas y chalotas......................... 73
Galletas de salmón y eneldo... 74
Galletas De Soda 75
Molinetes de tomate y parmesano 76
Galletas de tomate y hierbas.. 77
pan blanco básico 78
Bagels.. 79
baps 80
Pan Cremoso De Cebada 81
pan de cerveza... 82
Pan marrón de Boston 83
Macetas de salvado 84
Rollos con mantequilla 85
pan de suero de leche 86
pan de maíz canadiense 87
Rollos de Cornualles 88
pan de campo 89

Trenza campestre de semillas de amapola 90

Pan Integral Campestre 92

Trenzas Al Curry 93

Devon se divide 95

Pan de germen de trigo con sabor a fruta 96

Trenzas de leche con sabor a fruta 97

pan de granero 98

Rollos de granero 99

Pan De Cereales Con Avellanas 100

Grissini 101

Trenza de cosecha 102

Pan de leche 104

Pan De Frutas Con Leche 105

Pan de gloria de la mañana 106

Pan de muffin 107

pan sin arroz 108

Masa para pizza 109

Mazorca De Avena 110

harina de avena 111

pan de pita 112

pan integral rápido 113

Pan De Arroz Húmedo 114

Pan de arroz y almendras 115

Bizcocho crujiente 116

pan de centeno 117

Anillo de bollo de miel 118

Bollos de granola 119

Scones de naranja y pasas 120
Bollos de pera 121
bollos de patata 122
Bollos de pasas 123
Bollos de almíbar 124
Scones de almíbar y jengibre 125
Bollos de Sultana 126
Bollos de almíbar integral 127
Bollos de yogur 128
bollos de queso 129
Bollos de hierbas integrales 130
Bollos de salami y queso 131
Bollos Integrales 132
Conkies de Barbados 133
Galletas navideñas fritas 134
Tortas De Harina De Maíz 135
bollos 136
donas 137
Donuts De Patata 138
Pan naan 139
Bannocks de avena 140
Lucios 141
Bollos fáciles de llevar 142
Bollos de regaliz de arce 143
Bollos a la plancha 144
Bollos para hornear con queso 145
Panqueques escoceses especiales 146

Panqueques escoceses de frutas 147

Panqueques escoceses de naranja 148

Hinny cantando 149

Tartas galesas 150

Panqueques galeses 151

Pan de maíz sazonado mexicano 152

pan plano sueco 153

Pan de centeno y maíz dulce al vapor 154

Pan de maíz dulce al vapor 155

Chapatis integrales 156

Puris integrales 157

galletas de almendras 158

Rizos de almendra 159

Aros de almendras 160

Grietas en las amígdalas mediterráneas 161

Galletas de almendras y chocolate 162

Galletas amish de frutas y nueces 163

galletas de anis 165

Galletas de Plátano, Avena y Jugo de Naranja 166

Galletas Básicas 167

Galletas crujientes de salvado 168

Galletas De Salvado De Sésamo 169

Galletas al brandy con alcaravea 170

Brandy Snaps 171

Galletas de mantequilla 172

Galletas de mantequilla 173

Alfajores 174

Galletas de zanahoria y nueces 175

Galletas de zanahoria y nueces con helado de naranja 176

galletas de cereza 178

Aros de cereza y almendra 179

Galletas De Mantequilla De Chocolate 180

Rollitos de chocolate y cerezas 181

Galletas con chispas de chocolate 182

Galletas con chips de chocolate y plátano 183

Bocadillos de chocolate y nueces 184

Galletas americanas con chispas de chocolate 185

Cremas de chocolate 186

Chips de chocolate y galletas de avellanas 187

Galletas de chocolate y nuez moscada 188

Galletas con cobertura de chocolate 189

Galletas tipo sándwich con café y chocolate 190

galletas de Navidad 192

galletas de coco 193

Galletas de maíz con crema de frutas 194

galletas de cornualles 195

Galletas integrales de grosella 196

Galletas de rollo de dátiles 197

Galletas digestivas (Graham Crackers) 198

galletas de pascua 199

florentinos 200

Florentinas de chocolate 201

Florentinos de chocolate de lujo 202

Galletas de nueces dulces 203

Galletas heladas alemanas 204

Galletas de jengibre 205

galletas de jengibre 206

Los hombres de pan de jengibre 207

Galletas integrales de jengibre 208

Galletas de jengibre y arroz 209

Galletas Doradas 210

galletas de avellana 211

Galletas crujientes de avellanas 212

Galletas de avellanas y almendras 213

galletas de miel 214

Miel de Ratafías 215

Galletas de miel y suero de leche 216

Galletas De Mantequilla De Limón 217

galletas de limon 218

Momentos de fusión 219

galletas de muesli 220

Galletas De Nueces 221

Galletas Crujientes De Nueces 222

Galletas Crujientes De Canela Y Nueces 223

Dedos avenados 224

Galletas de avena y pasas

hace 20

175 g/6 oz/¾ taza de harina común (para todo uso)

150 g/5 oz/1¼ tazas de avena

5 ml/1 cucharadita de jengibre en polvo

2,5 ml/½ cucharadita de levadura en polvo

2,5 ml/½ cucharadita de bicarbonato (bicarbonato de sodio)

100 g/4 oz/½ taza de azúcar moreno suave

50 g/2 oz/1/3 taza de pasas

1 huevo, ligeramente batido

150 ml/¼ pt/2/3 taza de aceite

60 ml/4 cucharadas de leche

Mezcle los ingredientes secos, agregue las pasas y haga un hueco en el centro. Agrega el huevo, el aceite y la leche y mezcla hasta obtener una masa suave. Vierta cucharadas de la mezcla en una bandeja para hornear sin engrasar (galletas) y aplánela ligeramente con un tenedor. Hornee en horno precalentado a 200 °C/400 °F/termostato 6 durante 10 minutos hasta que se doren.

Galletas de avena con especias

Hace 30

100 g/4 oz/½ taza de mantequilla o margarina, ablandada

100 g/4 oz/½ taza de azúcar moreno suave

100 g/4 oz/½ taza de azúcar (superfina)

1 huevo

2,5 ml/½ cucharadita de esencia de vainilla (extracto)

100 g / 4 oz / 1 taza de harina común (para todo uso)

2,5 ml/½ cucharadita de bicarbonato (bicarbonato de sodio)

Una pizca de sal

5 ml/1 cucharadita de canela molida

Una pizca de nuez moscada rallada

100 g/4 oz/1 taza de copos de avena

50 g/2 oz/½ taza de nueces mixtas picadas

50 g/2 oz/½ taza de chispas de chocolate

Batir la mantequilla o margarina y el azúcar hasta que esté suave y esponjosa. Incorpora poco a poco el huevo y la esencia de vainilla. Mezcle la harina, el bicarbonato de sodio, la sal y las especias y agréguelos a la mezcla. Agrega la avena, las nueces y las chispas de chocolate. Coloque las cucharaditas redondeadas en una bandeja para hornear engrasada (galletas) y hornee las galletas (galletas) en un horno precalentado a 180°C/350°F/termostato 4 durante 10 minutos hasta que estén ligeramente doradas.

Galletas integrales de avena

Hace 24

100 g/4 oz/½ taza de mantequilla o margarina

200 g/7 oz/1¾ tazas de avena

75 g/3 oz/¾ taza de harina integral (integral)

50 g/2 oz/½ taza de harina común (para todo uso)

5 ml/1 cucharadita de levadura en polvo

50 g/2 oz/¼ taza de azúcar demerara

1 huevo, ligeramente batido

30 ml/2 cucharadas de leche

Frote la mantequilla o margarina con la avena, la harina y el polvo para hornear hasta que la mezcla parezca pan rallado. Agregue el azúcar y mezcle el huevo y la leche para formar una masa firme. Extienda la masa sobre una superficie ligeramente enharinada hasta que tenga un grosor de aproximadamente 1 cm y corte círculos con un cortador de 5 cm. Coloque las galletas (galletas) en una bandeja para hornear (galletas) engrasada y hornee en un horno precalentado a 190°C/375°F/termostato de gas 5 durante unos 15 minutos hasta que estén doradas.

Galletas De Naranja

Hace 24

100 g/4 oz/½ taza de mantequilla o margarina, ablandada

50 g/2 oz/¼ taza de azúcar (superfina)

Piel rallada de 1 naranja

150 g/5 oz/1¼ tazas de harina con levadura

Batir la mantequilla o margarina y el azúcar hasta que esté suave y esponjosa. Incorpora la cáscara de naranja y luego mezcla la harina hasta que esté firme. Forme bolas grandes del tamaño de una nuez y colóquelas bien separadas en una bandeja para hornear engrasada (galletas), luego presione ligeramente con un tenedor para aplanar. Hornea las galletas (galletas) en el horno precalentado a 180°C/350°F/termostato 4 durante 15 minutos hasta que estén doradas.

Galletas de naranja y limón

Hace 30

50 g/2 oz/¼ taza de mantequilla o margarina, ablandada

75 g/3 oz/1/3 taza de azúcar en polvo (superfina)

1 yema de huevo

Ralladura de ½ naranja

15 ml/1 cucharada de jugo de limón

150 g/5 oz/1¼ tazas de harina común (para todo uso)

2,5 ml/½ cucharadita de levadura en polvo

Una pizca de sal

Batir la mantequilla o margarina y el azúcar hasta que esté suave y esponjosa. Incorpora poco a poco la yema de huevo, la ralladura de naranja y el jugo de limón, luego incorpora la harina, el polvo para hornear y la sal hasta formar una masa firme. Envolver y film transparente (film transparente) y dejar enfriar durante 30 minutos.

Estirar sobre una superficie de trabajo ligeramente enharinada hasta obtener un grosor de unos 5 mm y cortar formas con un cortador de galletas. Coloque las galletas en una bandeja para hornear engrasada y hornee en el horno precalentado a 190°C/375°F/termostato 5 durante 10 minutos.

Galletas de naranja y nueces

Hace 16

100 g/4 oz/½ taza de mantequilla o margarina

75 g/3 oz/1/3 taza de azúcar en polvo (superfina)

Ralladura de ½ naranja

150 g/5 oz/1¼ tazas de harina con levadura

50 g/2 oz/½ taza de nueces molidas

Batir la mantequilla o margarina con 50 g de azúcar y la piel de naranja hasta obtener una mezcla suave y cremosa. Agrega la harina y las nueces y vuelve a batir hasta que la mezcla comience a unirse. Forme bolitas y aplánelas en una bandeja para hornear engrasada (galletas). Hornee las galletas (galletas) en un horno precalentado a 190 °C/375 °F/termostato 5 durante 10 minutos hasta que se doren por los bordes. Espolvoree con el azúcar reservado y deje enfriar un poco antes de transferirlo a una rejilla para que se enfríe.

Galletas de naranja y chocolate

Hace 30

50 g/2 oz/¼ taza de mantequilla o margarina, ablandada

75 g/3 oz/1/3 taza de manteca de cerdo (manteca vegetal)

175 g/6 oz/¾ taza de azúcar moreno suave

100 g/7 oz/1¾ tazas de harina integral (integral)

75 g/3 oz/¾ taza de almendras molidas

10 ml/2 cucharaditas de levadura en polvo

75 g/3 oz/¾ taza de gotas de chocolate

Ralladura de 2 naranjas

15 ml/1 cucharada de zumo de naranja

1 huevo

Azúcar en polvo (superfina) para espolvorear

Batir la mantequilla o margarina, la manteca de cerdo y el azúcar moreno hasta que esté suave y esponjoso. Agregue los ingredientes restantes excepto el azúcar en polvo y mezcle hasta formar una masa. Estirar sobre una superficie de trabajo enharinada hasta obtener un grosor de 5 mm y cortar las galletas con un cortapastas. Colóquelas en una bandeja para hornear engrasada (galletas) y hornee en el horno precalentado a 180 °C/350 °F/termostato 4 durante 20 minutos hasta que se doren.

Galletas De Naranja Especiadas

hace 10

225 g/8 oz/2 tazas de harina común (para todo uso)

2,5 ml/½ cucharadita de canela molida

Una pizca de especias mixtas (tarta de manzana)

75 g/3 oz/1/3 taza de azúcar en polvo (superfina)

150 g de mantequilla o margarina, blanda

2 yemas de huevo

Piel rallada de 1 naranja

75 g/3 oz/¾ taza de chocolate amargo (semidulce)

Mezcle la harina y las especias y agregue el azúcar. Incorpora la mantequilla o margarina, las yemas de huevo y la ralladura de naranja y mezcla hasta obtener una masa suave. Envolver en film transparente (film transparente) y dejar enfriar durante 1 hora.

Coloque la masa en una manga pastelera equipada con una boquilla grande en forma de estrella (punta) y póngala a lo largo en una bandeja para hornear engrasada (galletas). Hornee en el horno precalentado a 190 °C/375 °F/termostato 5 durante 10 minutos hasta que se doren. Dejar enfriar.

Derrita el chocolate en un recipiente resistente al calor colocado sobre una cacerola con agua hirviendo a fuego lento. Sumerge los extremos de las galletas en el chocolate derretido y déjalas reposar sobre una hoja de papel de horno.

Galletas de mantequilla de maní

Hace 18

100 g/4 oz/½ taza de mantequilla o margarina, ablandada

100 g/4 oz/½ taza de azúcar (superfina)

100 g de mantequilla de maní crujiente o suave

60 ml/4 cucharadas de almíbar dorado (maíz claro)

15 ml/1 cucharada de leche

175 g/6 oz/1½ tazas de harina para todo uso

2,5 ml/½ cucharadita de bicarbonato (bicarbonato de sodio)

Batir la mantequilla o margarina y el azúcar hasta que esté suave y esponjosa. Agrega la mantequilla de maní, seguido del almíbar y la leche. Mezcle la harina y el bicarbonato de sodio y agregue a la mezcla, luego amase hasta que quede suave. Forme un tronco y déjelo enfriar hasta que esté firme.

Cortar en rodajas de 5 mm de grosor y disponer en una bandeja de horno ligeramente engrasada (galletas). Hornea las galletas (galletas) en el horno precalentado a 180°C/350°F/termostato 4 durante 12 minutos hasta que estén doradas.

Remolinos de mantequilla de maní y chocolate

Hace 24

50 g/2 oz/¼ taza de mantequilla o margarina, ablandada

50 g/2 oz/¼ taza de azúcar moreno suave

50 g/2 oz/¼ taza de azúcar (superfina)

50 g/2 oz/¼ taza de mantequilla de maní suave

1 yema de huevo

75 g/3 oz/¾ taza de harina común (para todo uso)

2,5 ml/½ cucharadita de bicarbonato (bicarbonato de sodio)

50 g/2 oz/½ taza de chocolate amargo (semidulce)

Batir la mantequilla o margarina y el azúcar hasta que esté suave y esponjosa. Incorpora poco a poco la mantequilla de maní y luego la yema de huevo. Mezcle la harina y el bicarbonato de sodio y mezcle con la mezcla para formar una masa firme. Mientras tanto, derrita el chocolate en un recipiente resistente al calor colocado sobre una cacerola con agua hirviendo a fuego lento. Extienda la masa hasta que quede de 30 x 46 cm/12 x 18 pulgadas y unte con el chocolate derretido casi hasta los bordes. Enrollar por el lado largo, envolver en film transparente (film plástico) y dejar enfriar hasta que esté firme.

Cortar el rollo en rodajas de 5 mm/¼ y colocar en una bandeja para hornear sin engrasar. Hornee en horno precalentado a 180 °C/350 °F/termostato de gas 4 durante 10 minutos hasta que se doren.

Galletas De Avena Y Mantequilla De Maní

Hace 24

75 g/3 oz/1/3 taza de mantequilla o margarina, ablandada

75 g/3 oz/1/3 taza de mantequilla de maní

150 g/5 oz/2/3 taza de azúcar moreno suave

1 huevo

50 g/2 oz/½ taza de harina común (para todo uso)

2,5 ml/½ cucharadita de levadura en polvo

Una pizca de sal

Unas gotas de esencia de vainilla (extracto)

75 g/3 oz/¾ taza de avena

40 g/1½ oz/1/3 taza de chispas de chocolate

Batir la mantequilla o margarina, la mantequilla de maní y el azúcar hasta que estén suaves y esponjosas. Incorpora poco a poco el huevo. Incorpora la harina, el polvo para hornear y la sal. Agrega la esencia de vainilla, la avena y las chispas de chocolate. Coloque cucharadas en una bandeja para hornear engrasada (galletas) y hornee las galletas (galletas) en un horno precalentado a 180°C/350°F/termostato de gas 4 durante 15 minutos.

Galletas de mantequilla de maní con miel y coco

Hace 24

120 ml/4 fl oz/½ taza de aceite

175 g/6 oz/½ taza de miel clara

175 g/6 oz/¾ taza de mantequilla de maní crujiente

1 huevo batido

100 g/4 oz/1 taza de copos de avena

225 g / 8 oz / 2 tazas de harina integral (integral)

50 g/2 oz/½ taza de coco seco (rallado)

Mezcle el aceite, la miel, la mantequilla de maní y el huevo y agregue los ingredientes restantes. Coloque cucharadas en una bandeja para hornear engrasada (galletas) y aplánelas ligeramente hasta que tengan unos 6 mm de grosor. Hornea las galletas (galletas) en el horno precalentado a 180°C/350°F/termostato 4 durante 12 minutos hasta que estén doradas.

Galletas De Pecana

Hace 24

100 g/4 oz/½ taza de mantequilla o margarina, ablandada

45 ml/3 cucharadas de azúcar moreno blando

100 g / 4 oz / 1 taza de harina común (para todo uso)

Una pizca de sal

5 ml/1 cucharadita de esencia de vainilla (extracto)

100 g / 4 oz / 1 taza de nueces pecanas, picadas

Azúcar glas (repostería), tamizada, para espolvorear

Batir la mantequilla o margarina y el azúcar hasta que esté suave y esponjosa. Incorpora poco a poco el resto de los ingredientes, excepto el azúcar glas. Formar bolitas de 3 cm/1½ y colocar en una bandeja para horno engrasada (galletas). Hornea las galletas (galletas) en el horno precalentado a 160°C/325°F/termostato 3 durante 15 minutos hasta que estén doradas. Servir espolvoreado con azúcar glas.

Galletas de molinete

Hace 24

175 g/6 oz/1½ tazas de harina para todo uso

5 ml/1 cucharadita de levadura en polvo

Una pizca de sal

75 g/3 oz/1/3 taza de mantequilla o margarina

75 g/3 oz/1/3 taza de azúcar en polvo (superfina)

Unas gotas de esencia de vainilla (extracto)

20 ml/4 cucharaditas de agua

10 ml/2 cucharaditas de cacao en polvo (chocolate sin azúcar)

Mezcle la harina, el polvo para hornear y la sal y frote con la mantequilla o margarina hasta que la mezcla parezca pan rallado. Agrega el azúcar. Agrega la esencia de vainilla y el agua y mezcla hasta obtener una masa suave. Forme una bola y luego córtela por la mitad. Incorpora el cacao a la mitad de la masa. Extienda cada trozo de masa formando un rectángulo de 25 x 18 cm/10 x 7 y colóquelos uno encima del otro. Enrolla suavemente para que se peguen. Enrolle la masa por el lado largo y presiónela suavemente. Envolver en film transparente (film transparente) y dejar enfriar durante unos 30 minutos.

Cortar en rodajas de 2,5 cm de grosor y disponer, bien separadas, en una bandeja de horno engrasada. Hornea las galletas (galletas) en el horno precalentado a 180°C/350°F/termostato 4 durante 15 minutos hasta que estén doradas.

Galletas rápidas de suero de leche

Hace 12

75 g/3 oz/1/3 taza de mantequilla o margarina

225 g/8 oz/2 tazas de harina común (para todo uso)

15 ml/1 cucharada de levadura en polvo

2,5 ml/½ cucharadita de sal

175 ml/6 fl oz/¾ taza de suero de leche

Azúcar glas (repostería), tamizada, para espolvorear (opcional)

Frote la mantequilla o margarina con la harina, el polvo para hornear y la sal hasta que la mezcla parezca pan rallado. Agrega el buttermilk poco a poco hasta formar una masa suave. Extienda la mezcla sobre una superficie de trabajo ligeramente enharinada hasta obtener un espesor de unos 2 cm y corte círculos con un cortador de galletas. Coloque las galletas en una bandeja para hornear engrasada y hornee en el horno precalentado a 230°C/450°F/termostato 8 durante 10 minutos hasta que estén doradas. Espolvoree con azúcar glas si lo desea.

Galletas De Pasas

Hace 24

100 g/4 oz/½ taza de mantequilla o margarina, ablandada

50 g/2 oz/¼ taza de azúcar (superfina)

Ralladura de 1 limón

50 g/2 oz/1/3 taza de pasas

150 g/5 oz/1¼ tazas de harina con levadura

Batir la mantequilla o margarina y el azúcar hasta que esté suave y esponjosa. Incorpora la ralladura de limón, luego mezcla las pasas y la harina hasta que quede firme. Forme bolas grandes del tamaño de una nuez y colóquelas bien separadas en una bandeja para hornear engrasada (galletas), luego presione ligeramente con un tenedor para aplanar. Hornea las galletas (galletas) en el horno precalentado a 180°C/350°F/termostato 4 durante 15 minutos hasta que estén doradas.

Galletas suaves con pasas

Hace 36

100 g/4 oz/2/3 taza de pasas

90 ml/6 cucharadas de agua hirviendo

50 g/2 oz/¼ taza de mantequilla o margarina, ablandada

175 g/6 oz/¾ taza de azúcar (superfina)

1 huevo, ligeramente batido

2,5 ml/½ cucharadita de esencia de vainilla (extracto)

175 g/6 oz/1½ tazas de harina para todo uso

2,5 ml/½ cucharadita de levadura en polvo

1,5 ml/¼ cucharadita de bicarbonato (bicarbonato de sodio)

2,5 ml/½ cucharadita de sal

2,5 ml/½ cucharadita de canela molida

Una pizca de nuez moscada rallada

50 g/2 oz/½ taza de nueces mixtas picadas

Coloque las pasas y el agua hirviendo en una cacerola, lleve a ebullición, tape y cocine a fuego lento durante 3 minutos. Dejar enfriar. Batir la mantequilla o margarina y el azúcar hasta que esté suave y esponjosa. Incorpora poco a poco el huevo y la esencia de vainilla. Incorpora la harina, el polvo para hornear, el bicarbonato de sodio, la sal y las hierbas alternativamente con las pasas y el líquido de remojo. Agregue las nueces y mezcle hasta obtener una masa suave. Envolver en film transparente (film transparente) y dejar enfriar durante al menos 1 hora.

Coloque cucharadas de masa en una bandeja para hornear engrasada (galletas) y hornee las galletas (galletas) en el horno precalentado a 180°C/350°F/termostato 4 durante 10 minutos hasta que estén doradas.

Rebanadas de pasas y almíbar

Hace 24

25 g/2 cucharadas de mantequilla o margarina, blanda

100 g/4 oz/½ taza de azúcar (superfina)

1 yema de huevo

30 ml/2 cucharadas de almíbar negro (melaza)

75 g/3 oz/½ taza de grosellas

150 g/5 oz/1¼ tazas de harina común (para todo uso)

5 ml/1 cucharadita de bicarbonato (bicarbonato de sodio)

5 ml/1 cucharadita de canela molida

Una pizca de sal

30 ml/2 cucharadas de café negro frío

Batir la mantequilla o margarina y el azúcar hasta que esté suave y esponjosa. Incorpora poco a poco la yema de huevo y el almíbar, luego agrega las grosellas. Mezcle la harina, el refresco, la canela y la sal y agregue el café. Cubra y refrigere la mezcla.

Estire hasta formar un cuadrado de 30 cm/12 pulgadas y luego forme un tronco. Colóquelas en una bandeja para hornear engrasada (galletas) y hornee en un horno precalentado a 180°C/350°F/termostato 4 durante 15 minutos hasta que esté firme al tacto. Cortar en rodajas y dejar enfriar sobre una rejilla.

Galletas Ratafia

Hace 16

100 g/4 oz/½ taza de azúcar granulada

50 g/2 oz/¼ taza de almendras molidas

15 ml/1 cucharada de arroz molido

1 clara de huevo

25 g/1 oz/¼ taza de almendras fileteadas (rebanadas)

Mezclar el azúcar, las almendras molidas y el arroz molido. Incorpora la clara de huevo y continúa batiendo por 2 minutos más. Coloque galletas del tamaño de una nuez (galletas) en una bandeja para hornear (galletas) forrada con papel de arroz usando una boquilla plana (punta) de 5 mm/¼ de diámetro. Coloque una almendra fileteada sobre cada galleta. Hornee en horno precalentado a 190 °C/375 °F/termostato 5 durante 15 minutos hasta que se doren.

Galletas de arroz y granola

Hace 24

75 g/3 oz/¼ taza de arroz integral cocido

50 g/2 oz/½ taza de granola

75 g/3 oz/¾ taza de harina integral (integral)

2,5 ml/½ cucharadita de sal

2,5 ml/½ cucharadita de bicarbonato (bicarbonato de sodio)

5 ml/1 cucharadita de especias molidas mixtas (tarta de manzana)

30 ml/2 cucharadas de miel clara

75 g/3 oz/1/3 taza de mantequilla o margarina, ablandada

Mezclar el arroz, el muesli, la harina, la sal, el bicarbonato de sodio y las hierbas mixtas. Batir la miel y la mantequilla o margarina hasta que estén suaves. Incorporar la mezcla de arroz. Forme bolitas con la mezcla del tamaño de una nuez y colóquelas bien separadas en bandejas para hornear engrasadas (galletas). Aplanar ligeramente y hornear en horno precalentado a 190°C/375°F/termostato 5 durante 15 minutos o hasta que estén dorados. Deje enfriar durante 10 minutos y luego transfiéralo a una rejilla para que se enfríe. Almacenar en un recipiente hermético.

Cremas Romaníes

hace 10

25 g/1 oz/2 cucharadas de manteca de cerdo (manteca vegetal)

25 g/2 cucharadas de mantequilla o margarina, blanda

50 g/2 oz/¼ taza de azúcar moreno suave

2,5 ml/½ cucharadita de almíbar dorado (maíz claro)

50 g/2 oz/½ taza de harina común (para todo uso)

Una pizca de sal

25 g/1 oz/¼ taza de avena

2,5 ml/½ cucharadita de especias molidas mixtas (tarta de manzana)

2,5 ml/½ cucharadita de bicarbonato (bicarbonato de sodio)

10 ml/2 cucharadita de agua hirviendo

glaseado de mantequilla

Batir la manteca de cerdo, la mantequilla o margarina y el azúcar hasta que esté suave y esponjosa. Agregue el almíbar, luego agregue la harina, la sal, la avena y las hierbas mixtas y revuelva hasta que estén bien combinados. Disuelva el bicarbonato de sodio en el agua y mezcle hasta obtener una masa firme. Forme 20 bolitas de igual tamaño y colóquelas bien separadas en bandejas para hornear (galletas) engrasadas. Aplana ligeramente con la palma de tu mano. Hornee en horno precalentado a 160 °C/325 °F/termostato de gas 3 durante 15 minutos. Dejar enfriar en las bandejas para horno. Cuando esté frío, el sándwich combina las galletas con el glaseado de mantequilla (glaseado).

galletas de arena

Hace 48

100 g de mantequilla o margarina dura, blanda

225 g/8 oz/1 taza de azúcar moreno suave

1 huevo, ligeramente batido

225 g/8 oz/2 tazas de harina común (para todo uso)

Clara de huevo para glasear

30 ml/2 cucharadas de maní molido

Batir la mantequilla o margarina y el azúcar hasta que esté suave y esponjosa. Batir el huevo y luego mezclar con la harina. Estirar muy finamente sobre una superficie de trabajo ligeramente enharinada y recortar formas con un cortador de galletas. Coloque las galletas en una bandeja para hornear engrasada, unte la parte superior con clara de huevo y espolvoree con maní. Hornee en horno precalentado a 180 °C/350 °F/termostato de gas 4 durante 10 minutos hasta que se doren.

Galletas con crema agria

Hace 24

50 g/2 oz/¼ taza de mantequilla o margarina, ablandada

175 g/6 oz/¾ taza de azúcar (superfina)

1 huevo

60 ml/4 cucharadas de crema agria (agria láctea)

2. 5 ml/½ cucharadita de esencia de vainilla (extracto)

150 g/5 oz/1¼ tazas de harina común (para todo uso)

2,5 ml/½ cucharadita de levadura en polvo

75 g/3 oz/½ taza de pasas

Batir la mantequilla o margarina y el azúcar hasta que esté suave y esponjosa. Incorpora poco a poco el huevo, la nata y la esencia de vainilla. Mezcle la harina, el polvo para hornear y las pasas y revuelva con la mezcla hasta que estén bien combinados. Coloque cucharaditas redondeadas de la mezcla en bandejas para hornear (galletas) ligeramente engrasadas y hornee en un horno precalentado a 180 °C/350 °F/termostato 4 durante unos 10 minutos hasta que estén dorados.

Galletas con azúcar moreno

Hace 24

100 g/4 oz/½ taza de mantequilla o margarina, ablandada

100 g/4 oz/½ taza de azúcar moreno suave

1 huevo, ligeramente batido

2,5 ml/1 cucharadita de esencia de vainilla (extracto)

150 g/5 oz/1¼ tazas de harina común (para todo uso)

2,5 ml/½ cucharadita de bicarbonato (bicarbonato de sodio)

Una pizca de sal

75 g/3 oz/½ taza de pasas (pasas doradas)

Batir la mantequilla o margarina y el azúcar hasta que esté suave y esponjosa. Incorpora poco a poco el huevo y la esencia de vainilla. Agregue los ingredientes restantes hasta que quede suave. Extienda bien las cucharaditas redondas en una bandeja para hornear ligeramente engrasada (galletas). Hornea las galletas (galletas) en el horno precalentado a 180°C/350°F/termostato 4 durante 12 minutos hasta que estén doradas.

Galletas de azúcar y nuez moscada

Hace 24

50 g/2 oz/¼ taza de mantequilla o margarina, ablandada

100 g/4 oz/½ taza de azúcar (superfina)

1 yema de huevo

2,5 ml/½ cucharadita de esencia de vainilla (extracto)

150 g/5 oz/1¼ tazas de harina común (para todo uso)

5 ml/1 cucharadita de levadura en polvo

Una pizca de nuez moscada rallada

60 ml/4 cucharadas de crema agria (agria láctea)

Batir la mantequilla o margarina y el azúcar hasta que esté suave y esponjosa. Incorpora la yema de huevo y la esencia de vainilla, luego agrega la harina, el polvo para hornear y la nuez moscada. Incorpora la crema hasta que quede suave. Tapar y dejar enfriar durante 30 minutos.

Estirar la masa hasta obtener un grosor de 5 mm/ y cortar círculos de 5 cm/2 con un cortador de galletas (galletas). Coloque las galletas en una bandeja para hornear sin engrasar (galletas) y hornee en el horno precalentado a 200°C/400°F/termostato 6 durante 10 minutos hasta que estén doradas.

Mantecada

Hace 8

150 g/5 oz/1¼ tazas de harina común (para todo uso)

Una pizca de sal

25 g/1 oz/¼ taza de harina de arroz o arroz molido

50 g/2 oz/¼ taza de azúcar (superfina)

100 g de mantequilla o margarina dura, enfriada y rallada

Mezclar la harina, la sal y la harina de arroz o arroz molido. Agrega el azúcar y luego la mantequilla o margarina. Trabaja la mezcla con las yemas de los dedos hasta que parezca pan rallado. Presione en un molde para sándwich de 18 cm/7 cm y nivele la parte superior. Pinche todo con un tenedor y márquelo en ocho trozos iguales, cortando hasta la base. Refrigere por 1 hora.

Hornee en un horno precalentado a 150 °C/300 °F/marca de gas 2 durante 1 hora hasta que tenga un color pajizo pálido. Dejar enfriar en el molde antes de darles la vuelta.

galletas de mantequilla navideñas

Hace 12

175 g/6 oz/¾ taza de mantequilla o margarina

250 g/9 oz/2¼ tazas de harina común (para todo uso)

75 g/3 oz/1/3 taza de azúcar en polvo (superfina)

Para la cobertura:

15 ml/1 cucharada de almendras picadas

15 ml/1 cucharada de nueces picadas

30 ml/2 cucharadas de pasas

30 ml/2 cucharadas de cerezas glaseadas (confitadas), picadas

Ralladura de 1 limón

15 ml/1 cucharada de azúcar en polvo (superfina) para espolvorear

Frote la mantequilla o margarina con la harina hasta que la mezcla parezca pan rallado. Agrega el azúcar. Comprime la mezcla hasta formar una pasta y amasa hasta que quede suave. Presione en un molde para panecillos suizos engrasado (pan para panecillos de gelatina) y nivele la superficie. Mezcle los ingredientes de la cobertura y presiónelos contra la pasta. Cortar en 12 dedos y luego hornear en horno precalentado a 180°C/350°F/termostato 4 durante 30 minutos, espolvorear con azúcar en polvo, cortar en dedos y dejar enfriar en el molde.

galletas de miel

Hace 12

100 g/4 oz/½ taza de mantequilla o margarina, ablandada

75 g/3 oz/¼ taza de miel

200 g/7 oz/1¾ tazas de harina integral (integral)

25 g/1 oz/¼ taza de harina de arroz integral

Ralladura de 1 limón

Mezclar la mantequilla o margarina y la miel hasta que estén suaves. Agregue la harina y la ralladura de limón y trabaje hasta obtener una masa suave. Presione en un molde para pastel o para galletas de mantequilla de 18 cm/7 engrasado y enharinado y pinche todo con un tenedor. Marque en 12 gajos y doble los bordes. Refrigere por 1 hora.

Hornee en el horno precalentado a 150 °C/300 °F/termostato 2 durante 40 minutos hasta que se doren. Cortar en los trozos marcados y dejar enfriar en el molde.

galletas de mantequilla de limón

Hace 12

100 g / 4 oz / 1 taza de harina común (para todo uso)

50 g/2 oz/½ taza de maicena (maicena)

100 g/4 oz/½ taza de mantequilla o margarina, ablandada

50 g/2 oz/¼ taza de azúcar (superfina)

Ralladura de 1 limón

Azúcar en polvo (superfina) para espolvorear

Tamizar la harina y la maicena juntas. Batir la mantequilla o la margarina hasta que esté suave y agregar el azúcar en polvo hasta que esté pálida y esponjosa. Agrega la ralladura de limón y bate la mezcla de harina hasta que esté bien combinada. Extienda las galletas de mantequilla formando un círculo de 20 cm/8 pulgadas y colóquelas en una bandeja para hornear engrasada (galletas). Pinchar todo con un tenedor y alisar los bordes. Cortar en 12 gajos y espolvorear con azúcar en polvo. Enfriar en el frigorífico durante 15 minutos. Hornee en el horno precalentado a 160 °C/325 °F/termostato 3 durante 35 minutos hasta que esté ligeramente dorado. Deje enfriar en la bandeja para hornear durante 5 minutos antes de transferirlo a una rejilla para que se enfríe.

Galletas de mantequilla picadas

Hace 8

175 g/6 oz/¾ taza de mantequilla o margarina, ablandada

50 g/2 oz/¼ taza de azúcar (superfina)

225 g/8 oz/2 tazas de harina común (para todo uso)

60 ml/4 cucharadas de carne picada

Batir la mantequilla o margarina y el azúcar hasta que estén suaves. Incorporar la harina y luego la carne picada. Presione en un molde para sándwich de 23 cm/7 cm y nivele la parte superior. Pinche todo con un tenedor y márquelo en ocho gajos, cortando hasta la base. Refrigere por 1 hora.

Hornee en un horno precalentado a 160 °C/325 °F/termostato de gas 3 durante 1 hora hasta que tenga un color pajizo pálido. Dejar enfriar en el molde antes de darles la vuelta.

Galletas De Nueces

Hace 12

100 g/4 oz/½ taza de mantequilla o margarina, ablandada

50 g/2 oz/¼ taza de azúcar (superfina)

100 g / 4 oz / 1 taza de harina común (para todo uso)

50 g/2 oz/½ taza de arroz molido

50 g/2 oz/½ taza de almendras, finamente picadas

Batir la mantequilla o margarina y el azúcar hasta que estén suaves y esponjosos. Incorpora la harina y el arroz molido. Agregue las nueces y mezcle hasta obtener una masa firme. Amasar ligeramente hasta que quede suave. Presione en el fondo de un molde para panecillos suizos engrasado (pan para panecillos de gelatina) y nivele la superficie. Pinchar todo con un tenedor. Hornee en un horno precalentado a 160 °C/325 °F/termostato de gas 3 durante 45 minutos hasta que esté ligeramente dorado. Deje enfriar en el molde durante 10 minutos y luego córtelo en dedos. Dejar enfriar en el molde antes de darle la vuelta.

Galletas De Naranja

Hace 12

100 g / 4 oz / 1 taza de harina común (para todo uso)

50 g/2 oz/½ taza de maicena (maicena)

100 g/4 oz/½ taza de mantequilla o margarina, ablandada

50 g/2 oz/¼ taza de azúcar (superfina)

Piel rallada de 1 naranja

Azúcar en polvo (superfina) para espolvorear

Tamizar la harina y la maicena juntas. Batir la mantequilla o la margarina hasta que esté suave y agregar el azúcar en polvo hasta que esté pálida y esponjosa. Agrega la ralladura de naranja y bate la mezcla de harina hasta que esté bien combinada. Extienda las galletas de mantequilla formando un círculo de 20 cm/8 pulgadas y colóquelas en una bandeja para hornear engrasada (galletas). Pinchar todo con un tenedor y alisar los bordes. Cortar en 12 gajos y espolvorear con azúcar en polvo. Enfriar en el frigorífico durante 15 minutos. Hornee en el horno precalentado a 160 °C/325 °F/termostato 3 durante 35 minutos hasta que esté ligeramente dorado. Deje enfriar en la bandeja para hornear durante 5 minutos antes de transferirlo a una rejilla para que se enfríe.

Galletas de mantequilla del hombre rico

Hace 36

Para la base:

225 g/1 taza de mantequilla o margarina

275 g/10 oz/2½ tazas de harina común (para todo uso)

100 g/4 oz/½ taza de azúcar (superfina)

Para el llenado:

225 g/1 taza de mantequilla o margarina

225 g/8 oz/1 taza de azúcar moreno suave

60 ml/4 cucharadas de almíbar dorado (maíz claro)

400 g/14 oz de leche condensada enlatada

Unas gotas de esencia de vainilla (extracto)

Para la cobertura:

225 g/8 oz/2 tazas de chocolate amargo (semidulce)

Para la base, unte la mantequilla o margarina con la harina, agregue el azúcar y amase la mezcla hasta obtener una masa firme. Presione en el fondo de un molde para panecillos suizos engrasado (molde para panecillos de gelatina) forrado con papel de aluminio. Hornee en horno precalentado a 180 °C/350 °F/termostato 4 durante 35 minutos hasta que se doren. Dejar enfriar en el molde.

Para el relleno, derretir en una cacerola a fuego lento la mantequilla o margarina, el azúcar, el almíbar y la leche condensada, revolviendo constantemente. Llevar a ebullición y cocinar a fuego lento, revolviendo constantemente, durante 7 minutos. Retirar del fuego, agregar la esencia de vainilla y batir bien. Verter sobre la base y dejar enfriar y cuajar.

Derrita el chocolate en un recipiente resistente al calor colocado sobre una cacerola con agua hirviendo a fuego lento. Extienda sobre la capa de caramelo y marque patrones con un tenedor. Dejar enfriar y cuajar y cortar en cuadritos.

Galletas de avena integrales

hace 10

100 g/4 oz/½ taza de mantequilla o margarina

150 g/5 oz/1¼ tazas de harina integral (integral)

25 g/1 oz/¼ taza de harina de avena

50 g/2 oz/¼ taza de azúcar moreno suave

Frote la mantequilla o margarina con la harina hasta que la mezcla parezca pan rallado. Agregue el azúcar y trabaje ligeramente para formar una masa suave y quebradiza. Estirar sobre una superficie ligeramente enharinada hasta obtener un grosor de aproximadamente 1 cm y cortar en rodajas de 5 cm/2 con un cortador de galletas. Coloque con cuidado en una bandeja para hornear engrasada (galletas) y hornee en un horno precalentado a 150°C/300°F/termostato de gas 3 durante unos 40 minutos hasta que estén dorados y firmes.

Remolinos de almendras

Hace 16

175 g/6 oz/¾ taza de mantequilla o margarina, ablandada

50 g/2 oz/1/3 taza de azúcar glas (repostería) tamizada

2,5 ml/½ cucharadita de esencia de almendras (extracto)

175 g/6 oz/1½ tazas de harina para todo uso

8 cerezas glacé (confitadas), partidas por la mitad o en cuartos

Azúcar glas (repostería), tamizada, para espolvorear

Batir la mantequilla o margarina y el azúcar hasta que esté cremoso. Incorpora la esencia de almendras y la harina. Transfiera la mezcla a una manga pastelera equipada con una boquilla de estrella grande (punta). Coloque 16 remolinos planos en una bandeja para hornear engrasada. Cubra cada uno con un trozo de cereza. Hornee en el horno precalentado a 160 °C/325 °F/termostato 3 durante 20 minutos hasta que esté ligeramente dorado. Deje enfriar en la bandeja para hornear durante 5 minutos y luego colóquelo sobre una rejilla y espolvoree con azúcar glas.

Galletas De Chocolate Y Merengue

Hace 24

100 g/4 oz/½ taza de mantequilla o margarina, ablandada

5 ml/1 cucharadita de esencia de vainilla (extracto)

4 claras de huevo

200 g/7 oz/1¾ tazas de harina común (para todo uso)

50 g/2 oz/¼ taza de azúcar (superfina)

45 ml/3 cucharadas de cacao en polvo (chocolate sin azúcar)

100 g de azúcar glas (repostería) tamizada

Batir la mantequilla o margarina, la esencia de vainilla y dos claras de huevo. Mezcle la harina, el azúcar y el cacao y mézclelos gradualmente con la mezcla de mantequilla. Presione en un molde para hornear cuadrado engrasado de 30 cm/12 pulgadas. Batir las claras restantes junto con el azúcar glas y repartir por encima. Hornee en horno precalentado a 190 °C/375 °F/termostato 5 durante 20 minutos hasta que se doren. Cortado en tiras.

galletas, gente

Hace alrededor de 12

100 g/4 oz/½ taza de mantequilla o margarina, ablandada

100 g/4 oz/½ taza de azúcar (superfina)

1 huevo batido

225 g/8 oz/2 tazas de harina común (para todo uso)

Unas grosellas y cerezas glaseadas (confitadas)

Batir la mantequilla o margarina y el azúcar hasta que esté cremoso. Agrega poco a poco el huevo y bate bien. Incorpora la harina con una cuchara de metal. Extienda la mezcla sobre una superficie ligeramente enharinada hasta obtener un espesor de unos 5 mm. Corta a las personas con un cortador de galletas o un cuchillo, luego extiende los recortes nuevamente hasta que hayas usado toda la masa. Colóquelas en una bandeja para hornear engrasada (galletas) y presione grosellas para formar ojos y botones. Cortar rodajas de cereza para la boca. Hornee las galletas (galletas) en el horno precalentado a 190 °C/375 °F/termostato 5 durante 10 minutos hasta que estén ligeramente doradas. Dejar enfriar sobre una rejilla.

Tarta helada de jengibre

Rinde dos pasteles de 20 cm/8 pulgadas

Para la tarta:

225 g/1 taza de mantequilla o margarina, ablandada

100 g/4 oz/½ taza de azúcar (superfina)

275 g/10 oz/2½ tazas de harina común (para todo uso)

10 ml/2 cucharaditas de levadura en polvo

10 ml/2 cucharaditas de jengibre en polvo

Para el glaseado (glaseado):

50 g/2 oz/¼ taza de mantequilla o margarina

15 ml/1 cucharada de almíbar dorado (maíz claro)

100 g de azúcar glas (repostería) tamizada

5 ml/1 cucharadita de jengibre en polvo

Para el bizcocho, bata la mantequilla o margarina y el azúcar hasta que esté suave y esponjoso. Mezcle los ingredientes restantes de la tarta para formar una masa, divida la mezcla por la mitad y presione en dos moldes para pan (moldes) engrasados de 20 cm/8 pulgadas. Hornee en horno precalentado a 160 °C/325 °F/termostato de gas 3 durante 40 minutos.

Para el glaseado, derrita la mantequilla o margarina y el almíbar en una sartén. Agrega el azúcar glas y el jengibre y mezcla bien. Vierta sobre ambos bizcochos y déjelos enfriar, luego córtelos en gajos.

Galletas Shrewsbury

Hace 24

100 g/4 oz/½ taza de mantequilla o margarina, ablandada

100 g/4 oz/½ taza de azúcar (superfina)

1 yema de huevo

225 g/8 oz/2 tazas de harina común (para todo uso)

5 ml/1 cucharadita de levadura en polvo

5 ml/1 cucharadita de piel de limón rallada

Batir la mantequilla o margarina y el azúcar hasta que esté suave y esponjosa. Incorpora poco a poco la yema de huevo, luego incorpora la harina, la levadura en polvo y la ralladura de limón, terminando con las manos hasta que la mezcla espese. Estirar hasta obtener un grosor de 5 mm y cortar en círculos de 6 cm con un cortador de galletas. Coloca las galletas bien separadas en una bandeja para horno engrasada y pinchalas con un tenedor. Hornee en horno precalentado a 180 °C/350 °F/termostato de gas 4 durante 15 minutos hasta que esté ligeramente dorado.

galletas especiadas españolas

Hace 16

90 ml/6 cucharadas de aceite de oliva

100 g/4 oz/½ taza de azúcar granulada

100 g / 4 oz / 1 taza de harina común (para todo uso)

15 ml/1 cucharada de levadura en polvo

10 ml/2 cucharaditas de canela molida

3 huevos

Ralladura de 1 limón

30 ml/2 cucharadas de azúcar glas (repostería) tamizada

Calienta el aceite en una sartén pequeña. Mezclar el azúcar, la harina, el polvo para hornear y la canela. En un recipiente aparte, bata los huevos y la ralladura de limón hasta que estén espumosos. Agregue los ingredientes secos y el aceite hasta que quede suave. Vierta la masa en un molde para panecillos suizos bien engrasado (molde para panecillos de gelatina) y hornee en el horno precalentado a 180°C/350°F/termostato 4 durante 30 minutos hasta que se doren. Desmoldar, dejar enfriar, cortar en triángulos y espolvorear las galletas (galletas) con azúcar glass.

Galletas de hierbas a la antigua usanza

Hace 24

75 g/3 oz/1/3 taza de mantequilla o margarina

50 g/2 oz/¼ taza de azúcar (superfina)

45 ml/3 cucharadas de almíbar negro (melaza)

175 g/6 oz/¾ taza de harina común (para todo uso)

5 ml/1 cucharadita de canela molida

5 ml/1 cucharadita de especias molidas mixtas (tarta de manzana)

2,5 ml/½ cucharadita de jengibre en polvo

2,5 ml/½ cucharadita de bicarbonato (bicarbonato de sodio)

Derretir la mantequilla o margarina, el azúcar y el almíbar a fuego lento. Mezcle la harina, las especias y el bicarbonato de sodio en un bol. Vierta en la mezcla de almíbar y mezcle hasta que esté bien combinado. Mezclar hasta obtener una masa suave y formar bolitas. Disponer, bien separados, en una bandeja de horno engrasada (galletas) y aplanar con un tenedor. Hornee las galletas (galletas) en un horno precalentado a 180 °C/350 °F/termostato 4 durante 12 minutos hasta que estén firmes y doradas.

galletas de almíbar

Hace 24

75 g/3 oz/1/3 taza de mantequilla o margarina, ablandada

100 g/4 oz/½ taza de azúcar moreno suave

1 yema de huevo

30 ml/2 cucharadas de almíbar negro (melaza)

100 g / 4 oz / 1 taza de harina común (para todo uso)

5 ml/1 cucharadita de bicarbonato (bicarbonato de sodio)

Una pizca de sal

5 ml/1 cucharadita de canela molida

2,5 ml/½ cucharadita de clavo molido

Batir la mantequilla o margarina y el azúcar hasta que estén suaves y esponjosos. Incorpora poco a poco la yema de huevo y la melaza. Mezcle la harina, el bicarbonato de sodio, la sal y las especias y agregue a la mezcla. Tapar y dejar enfriar.

Enrolle la mezcla en bolas de 3 cm/1½ y colóquelas en una bandeja para hornear engrasada (galletas). Hornee las galletas (galletas) en un horno precalentado a 180 °C/350 °F/termostato 4 durante 10 minutos hasta que estén cocidas.

Galletas de almíbar, albaricoque y nueces

Hace alrededor de 24

50 g/2 oz/¼ taza de mantequilla o margarina

50 g/2 oz/¼ taza de azúcar (superfina)

50 g/2 oz/¼ taza de azúcar moreno suave

1 huevo, ligeramente batido

2,5 ml/½ cucharadita de bicarbonato (bicarbonato de sodio)

30 ml/2 cucharadas de agua tibia

45 ml/3 cucharadas de almíbar negro (melaza)

25 g/1 oz de orejones listos para comer, picados

25 g/1 oz/¼ taza de nueces mixtas picadas

100 g / 4 oz / 1 taza de harina común (para todo uso)

Una pizca de sal

Una pizca de clavo molido

Batir la mantequilla o margarina y el azúcar hasta que esté suave y esponjosa. Incorpora poco a poco el huevo. Mezcla el bicarbonato con el agua y revuélvelo con la mezcla con los demás ingredientes. Coloque cucharadas en una bandeja para hornear engrasada (galletas) y hornee en un horno precalentado a 180°C/350°F/termostato de gas 4 durante 10 minutos.

Galletas de almíbar y suero de leche

Hace 24

50 g/2 oz/¼ taza de mantequilla o margarina, ablandada

50 g/2 oz/¼ taza de azúcar moreno suave

150 ml/¼ pt/2/3 taza de melaza negra (melaza)

150 ml/¼ pt/2/3 taza de suero de leche

175 g/6 oz/1½ tazas de harina para todo uso

2,5 ml/½ cucharadita de bicarbonato (bicarbonato de sodio)

Mezcle la mantequilla o margarina y el azúcar hasta que esté suave y esponjoso, luego agregue el jarabe de melaza y el suero de leche alternativamente con la harina y el bicarbonato de sodio. Coloque cucharadas grandes en una bandeja para hornear engrasada y hornee en un horno precalentado a 190 °C/375 °F/termostato 5 durante 10 minutos.

Galletas de almíbar y café

Hace 24

60 g/2½ oz/1/3 taza de manteca de cerdo (manteca vegetal)

50 g/2 oz/¼ taza de azúcar moreno suave

75 g/3 oz/¼ taza de melaza negra (melaza)

2,5 ml/½ cucharadita de esencia de vainilla (extracto)

200 g/7 oz/1¾ tazas de harina común (para todo uso)

5 ml/1 cucharadita de bicarbonato (bicarbonato de sodio)

Una pizca de sal

2,5 ml/½ cucharadita de jengibre en polvo

2,5 ml/½ cucharadita de canela molida

60 ml/4 cucharadas de café negro frío

Batir la manteca y el azúcar hasta que estén suaves y esponjosos. Agregue el almíbar y la esencia de vainilla. Mezclar la harina, el bicarbonato de sodio, la sal y las especias y batir con la mezcla alternativamente con el café. Tapar y dejar enfriar durante varias horas.

Estirar la masa hasta obtener un grosor de 5 mm/ y cortar círculos de 5 cm/2 con un cortador de galletas (galletas). Coloque las galletas en una bandeja para hornear sin engrasar (galletas) y hornee en el horno precalentado a 190°C/375°F/termostato 5 durante 10 minutos hasta que estén firmes al tacto.

Galletas de almíbar y dátiles

Hace alrededor de 24

50 g/2 oz/¼ taza de mantequilla o margarina, ablandada

50 g/2 oz/¼ taza de azúcar (superfina)

50 g/2 oz/¼ taza de azúcar moreno suave

1 huevo, ligeramente batido

2,5 ml/½ cucharadita de bicarbonato (bicarbonato de sodio)

30 ml/2 cucharadas de agua tibia

45 ml/3 cucharadas de almíbar negro (melaza)

25 g/1 oz/¼ taza de dátiles sin hueso (sin hueso), picados

100 g / 4 oz / 1 taza de harina común (para todo uso)

Una pizca de sal

Una pizca de clavo molido

Batir la mantequilla o margarina y el azúcar hasta que esté suave y esponjosa. Incorpora poco a poco el huevo. Mezcla el bicarbonato de sodio con el agua y luego revuélvelo con la mezcla con los demás ingredientes. Coloque cucharadas en una bandeja para hornear engrasada (galletas) y hornee en un horno precalentado a 180°C/350°F/termostato de gas 4 durante 10 minutos.

Galletas de almíbar y jengibre

Hace 24

50 g/2 oz/¼ taza de mantequilla o margarina, ablandada

50 g/2 oz/¼ taza de azúcar moreno suave

150 ml/¼ pt/2/3 taza de melaza negra (melaza)

150 ml/¼ pt/2/3 taza de suero de leche

175 g/6 oz/1½ tazas de harina para todo uso

2,5 ml/½ cucharadita de bicarbonato (bicarbonato de sodio)

2,5 ml/½ cucharadita de jengibre en polvo

1 huevo batido para glasear

Mezcle la mantequilla o margarina y el azúcar hasta que esté suave y esponjoso, luego mezcle el jarabe de melaza y el suero de leche alternativamente con la harina, el bicarbonato de sodio y el jengibre molido. Coloque cucharadas grandes en una bandeja para hornear engrasada y unte la parte superior con huevo batido. Hornee en horno precalentado a 190 °C/375 °F/termostato de gas 5 durante 10 minutos.

Galletas De Vainilla

Hace 24

150 g de mantequilla o margarina, blanda

100 g/4 oz/½ taza de azúcar (superfina)

1 huevo batido

225 g / 8 oz / 2 tazas de harina con levadura

Una pizca de sal

10 ml/2 cucharaditas de esencia de vainilla (extracto)

Cerezas glacé (confitadas) para decorar

Batir la mantequilla o margarina y el azúcar hasta que esté suave y esponjosa. Incorpora poco a poco el huevo, luego incorpora la harina, la sal y la esencia de vainilla y mezcla hasta formar una masa. Amasar hasta que quede suave. Envolver en film transparente (film transparente) y dejar enfriar durante 20 minutos.

Estire la masa finamente y corte rondas con un cortador de galletas. Colócalas en una bandeja para hornear engrasada (galletas) y coloca una cereza en cada una. Hornea las galletas en el horno precalentado a 180 °C/350 °F/termostato 4 durante 10 minutos hasta que estén doradas. Deje enfriar en la bandeja para hornear durante 10 minutos antes de transferirlo a una rejilla para que se enfríe.

galletas de nuez

Hace 36

100 g/4 oz/½ taza de mantequilla o margarina, ablandada

100 g/4 oz/½ taza de azúcar moreno suave

100 g/4 oz/½ taza de azúcar (superfina)

1 huevo grande, ligeramente batido

200 g/7 oz/1¾ tazas de harina común (para todo uso)

5 ml/1 cucharadita de levadura en polvo

2,5 ml/½ cucharadita de bicarbonato (bicarbonato de sodio)

120 ml/4 fl oz/½ taza de suero de leche

50 g/2 oz/½ taza de nueces picadas

Mezcle la mantequilla o margarina y el azúcar. Agregue gradualmente el huevo y luego agregue alternativamente la harina, el polvo para hornear y el bicarbonato de sodio al suero de leche. Incorpora las nueces. Coloque cucharadas pequeñas en una bandeja para hornear engrasada (galletas) y hornee las galletas (galletas) en un horno precalentado a 190°C/375°F/termostato de gas 5 durante 10 minutos.

Galletas Crujientes

Hace 24

25 g / 1 oz de levadura fresca o 40 ml / 2½ cucharadas de levadura seca

450 ml/¾ pt/2 tazas de leche tibia

900 g/2 lb/8 tazas de harina fuerte y común (para pan)

175 g/6 oz/¾ taza de mantequilla o margarina, ablandada

30 ml/2 cucharadas de miel clara

2 huevos batidos

Huevo batido para glasear

Mezclar la levadura con un poco de leche tibia y dejar en un lugar cálido durante 20 minutos. Coloque la harina en un bol y frote con la mantequilla o margarina. Incorpora la mezcla de levadura, el resto de la leche tibia, la miel y los huevos y mezcla hasta obtener una masa suave. Amasar sobre una superficie ligeramente enharinada hasta que quede suave y elástica. Colóquelo en un recipiente engrasado, cubra con film transparente engrasado (film plástico) y déjelo en un lugar cálido durante 1 hora hasta que doble su tamaño.

Amasar nuevamente, luego formar rollos largos y planos y colocarlos en una bandeja para hornear engrasada (galletas). Cubrir con film transparente engrasado y dejar en un lugar cálido durante 20 minutos.

Pincelar con huevo batido y hornear en horno precalentado a 200°C/400°F/termostato 6 durante 20 minutos y dejar enfriar toda la noche.

Cortar en rodajas finas y hornear nuevamente en el horno precalentado a 150°C/300°F/termostato 2 durante 30 minutos hasta que estén crujientes y doradas.

biscochos de queso cheddar

Hace 12

50 g/2 oz/¼ taza de mantequilla o margarina

200 g/7 oz/1¾ tazas de harina común (para todo uso)

15 ml/1 cucharada de levadura en polvo

Una pizca de sal

50 g/2 oz/½ taza de queso cheddar rallado

175 ml/6 fl oz/¾ taza de leche

Frote la mantequilla o margarina con la harina, el polvo para hornear y la sal hasta que la mezcla parezca pan rallado. Agregue el queso y luego agregue suficiente leche para hacer una masa suave. Estirar sobre una superficie ligeramente enharinada hasta obtener un grosor de unos 2 cm y cortar círculos con un cortador de galletas. Colóquelos en una bandeja para hornear sin engrasar (galletas) y hornee las galletas (galletas saladas) en un horno precalentado a 200°C/400°F/termostato 6 durante 15 minutos hasta que estén doradas.

Galletas De Queso Azul

Hace 12

50 g/2 oz/¼ taza de mantequilla o margarina

200 g/7 oz/1¾ tazas de harina común (para todo uso)

15 ml/1 cucharada de levadura en polvo

50 g/2 oz/½ taza de queso Stilton, rallado o desmoronado

175 ml/6 fl oz/¾ taza de leche

Frote la mantequilla o margarina con la harina y el polvo para hornear hasta que la mezcla parezca pan rallado. Agregue el queso y luego agregue suficiente leche para hacer una masa suave. Estirar sobre una superficie ligeramente enharinada hasta obtener un grosor de unos 2 cm y cortar círculos con un cortador de galletas. Colóquelos en una bandeja para hornear sin engrasar (galletas) y hornee las galletas (galletas saladas) en un horno precalentado a 200°C/400°F/termostato 6 durante 15 minutos hasta que estén doradas.

Galletas De Queso Y Sésamo

Hace 24

75 g/3 oz/1/3 taza de mantequilla o margarina

75 g/3 oz/¾ taza de harina integral (integral)

75 g/3 oz/¾ taza de queso cheddar, rallado

30 ml/2 cucharadas de semillas de sésamo

Sal y pimienta negra recién molida

1 huevo batido

Frote la mantequilla o margarina con la harina hasta que la mezcla parezca pan rallado. Agrega el queso y la mitad de las semillas de sésamo y sazona con sal y pimienta. Presione hasta obtener una masa firme. Extienda la masa sobre una superficie de trabajo ligeramente enharinada hasta obtener un grosor de unos 5 mm y corte círculos con un cortador de galletas. Coloque las galletas en una bandeja para hornear engrasada, úntelas con huevo y espolvoree con las semillas de sésamo restantes. Hornee en el horno precalentado a 190 °C/375 °F/termostato 5 durante 10 minutos hasta que se doren.

Palitos de queso

Hace 16

225g/8oz de hojaldre

1 huevo batido

100 g/4 oz/1 taza de queso cheddar o fuerte, rallado

15 ml/1 cucharada de queso parmesano rallado

Sal y pimienta negra recién molida

Estirar la masa (pasta) hasta obtener un espesor de unos 5 mm y untar generosamente con huevo batido. Espolvorea con el queso y sazona con sal y pimienta. Cortar en tiras y girar con cuidado las tiras formando espirales. Colóquelas en una bandeja para hornear humedecida (galletas) y hornee en un horno precalentado a 220 °C/425 °F/termostato 7 durante unos 10 minutos hasta que estén infladas y doradas.

Galletas De Queso Y Tomate

Hace 12

50 g/2 oz/¼ taza de mantequilla o margarina

200 g/7 oz/1¾ tazas de harina común (para todo uso)

15 ml/1 cucharada de levadura en polvo

Una pizca de sal

50 g/2 oz/½ taza de queso cheddar rallado

15 ml/1 cucharada de puré de tomate (pasta)

150 ml/¼ pt/2/3 taza de leche

Frote la mantequilla o margarina con la harina, el polvo para hornear y la sal hasta que la mezcla parezca pan rallado. Agregue el queso y mezcle el puré de tomate y suficiente leche para formar una masa suave. Estirar sobre una superficie ligeramente enharinada hasta obtener un grosor de unos 2 cm y cortar círculos con un cortador de galletas. Colóquelos en una bandeja para hornear sin engrasar (galletas) y hornee las galletas (galletas saladas) en un horno precalentado a 200°C/400°F/termostato 6 durante 15 minutos hasta que estén doradas.

Bocadillos de queso de cabra

Hace 30

2 hojas de masa filo congelada (pasta), descongelada

50 g/2 oz/¼ taza de mantequilla sin sal, derretida

50 g/2 oz/½ taza de queso de cabra, cortado en cubitos

5 ml/1 cucharadita de hierbas provenzales

Unte una hoja de masa filo con mantequilla derretida, coloque la segunda hoja encima y unte con mantequilla. Cortar en 30 cuadrados iguales, colocar un trozo de queso en cada uno y espolvorear con hierbas. Junte las esquinas y gírelas para sellar, luego unte nuevamente con mantequilla derretida. Colóquelas en una bandeja para hornear engrasada (galletas) y hornee en un horno precalentado a 180 °C/350 °F/termostato 4 durante 10 minutos hasta que estén crujientes y doradas.

Rollitos De Jamón Y Mostaza

Hace 16

225g/8oz de hojaldre

30 ml/2 cucharadas de mostaza francesa

100 g / 4 oz / 1 taza de jamón cocido, picado

Sal y pimienta negra recién molida

Estirar la masa (pasta) hasta obtener un espesor de aproximadamente 5 mm. Untar con la mostaza, espolvorear con el jamón y sazonar con sal y pimienta. Enrolle la masa hasta darle forma de salchicha larga, córtela en rodajas de 1 cm/½ y colóquela en una bandeja para hornear humedecida (galletas). Hornee en un horno precalentado a 220 °C/425 °F/termostato 7 durante unos 10 minutos hasta que esté inflado y dorado.

Galletas de jamón y jengibre

Hace 30

225 g/8 oz/2 tazas de harina común (para todo uso)

15 ml/1 cucharada de levadura en polvo

5 ml/1 cucharadita de tomillo seco

5 ml/1 cucharadita de azúcar en polvo (superfina)

2,5 ml/½ cucharadita de jengibre en polvo

Una pizca de nuez moscada rallada

Una pizca de bicarbonato de sodio (bicarbonato de sodio)

Sal y pimienta negra recién molida

50 g/2 oz/¼ taza de grasa vegetal (manteca vegetal)

50 g/2 oz/½ taza de jamón cocido, finamente picado

30 ml/2 cucharadas de pimiento verde (pimiento morrón) finamente picado

175 ml/6 fl oz/¾ taza de suero de leche

Mezclar la harina, el polvo para hornear, el tomillo, el azúcar, el jengibre, la nuez moscada, el bicarbonato de sodio, la sal y la pimienta. Frote la grasa vegetal hasta que la mezcla parezca pan rallado. Agrega el jamón y la pimienta. Agregue gradualmente el suero de leche y mezcle hasta obtener una masa suave. Amasar sobre una superficie ligeramente enharinada durante unos segundos hasta que quede suave. Estirar hasta que tenga un grosor de 2 cm y cortar círculos con un cortador de galletas. Coloque las galletas, bien espaciadas, en una bandeja para hornear engrasada (galletas) y hornee en el horno precalentado a 220°C/425°F/termostato 7 durante 12 minutos hasta que estén infladas y doradas.

Galletas de especias simples

Hace 8

225 g/8 oz/2 tazas de harina común (para todo uso)

15 ml/1 cucharada de levadura en polvo

5 ml/1 cucharadita de azúcar en polvo (superfina)

2,5 ml/½ cucharadita de sal

50 g/2 oz/¼ taza de mantequilla o margarina

15 ml/1 cucharada de cebollino recién picado

Una pizca de pimentón

Pimienta negra recién molida

45 ml/3 cucharadas de leche

45 ml/3 cucharadas de agua

Mezclar la harina, la levadura en polvo, el azúcar y la sal. Frote la mantequilla o margarina hasta que la mezcla parezca pan rallado. Mezclar el cebollino, el pimentón y la pimienta al gusto. Agregue la leche y el agua y mezcle hasta obtener una masa suave. Amasar sobre una superficie ligeramente enharinada hasta que quede suave, luego extender hasta obtener un grosor de 2 cm y cortar círculos con un cortador de galletas. Coloque las galletas, bien espaciadas, en una bandeja para hornear engrasada (galletas) y hornee en el horno precalentado a 200°C/400°F/termostato 6 durante 15 minutos hasta que estén infladas y doradas.

Galletas indias

Para 4 personas

100 g / 4 oz / 1 taza de harina común (para todo uso)

100 g / 4 oz / 1 taza de sémola (crema de trigo)

175 g/6 oz/¾ taza de azúcar (superfina)

75 g/3 oz/¾ taza de gramo de harina

175 g/6 oz/¾ taza de ghee

Mezcla todos los ingredientes en un bol y luego frótalos con las palmas de las manos hasta obtener una masa firme. Es posible que necesites un poco más de ghee si la mezcla está demasiado seca. Forme bolitas y presiónelas en moldes para galletas saladas. Colóquelas en una bandeja para hornear (galletas) engrasada y forrada y hornee en un horno precalentado a 150°C/300°F/termostato 2 durante 30-40 minutos hasta que estén ligeramente doradas. Cuando las galletas están cocidas, pueden aparecer finas grietas.

Galletas de mantequilla de avellanas y chalotas

Hace 12

75 g/3 oz/1/3 taza de mantequilla o margarina, ablandada

175 g/6 oz/1½ tazas de harina integral (integral)

10 ml/2 cucharaditas de levadura en polvo

1 chalota, finamente picada

50 g/2 oz/½ taza de avellanas picadas

10 ml/2 cucharaditas de pimentón

15 ml/1 cucharada de agua fría

Frote la mantequilla o margarina con la harina y el polvo para hornear hasta que la mezcla parezca pan rallado. Agrega la chalota, las avellanas y la pimienta. Agregue el agua fría y presione hasta formar una masa. Estirar y presionar en un molde para panecillos suizos de 30 x 20 cm/12 x 8 pulgadas (molde para panecillos de gelatina) y pinchar todo con un tenedor. Marcar con los dedos. Hornee en horno precalentado a 200 °C/400 °F/termostato 6 durante 10 minutos hasta que se doren.

Galletas de salmón y eneldo

Hace 12

225 g/8 oz/2 tazas de harina común (para todo uso)

5 ml/1 cucharadita de azúcar en polvo (superfina)

2,5 ml/½ cucharadita de sal

20 ml/4 cucharaditas de levadura en polvo

100 g/4 oz/½ taza de mantequilla o margarina, cortada en cubos

90 ml/6 cucharadas de agua

90 ml/6 cucharadas de leche

100 g/1 taza de salmón ahumado desmenuzado, cortado en cubos

60 ml/4 cucharadas de eneldo fresco picado (eneldo)

Mezcle la harina, el azúcar, la sal y el polvo para hornear y frote con la mantequilla o margarina hasta que la mezcla parezca pan rallado. Agrega poco a poco la leche y el agua y mezcla hasta obtener una masa suave. Incorpora el salmón y el eneldo y mezcla hasta que quede suave. Estirar hasta obtener un grosor de 2,5 cm/1 y cortar círculos con un cortapastas. Coloque las galletas bien separadas en una bandeja para hornear engrasada y hornee en un horno precalentado a 220°C/425°F/termostato 7 durante 15 minutos hasta que estén infladas y doradas.

Galletas De Soda

Hace 12

45 ml/3 cucharadas de manteca de cerdo (manteca vegetal)

225 g/8 oz/2 tazas de harina común (para todo uso)

5 ml/1 cucharadita de bicarbonato (bicarbonato de sodio)

5 ml/1 cucharadita de crémor tártaro

Una pizca de sal

250 ml/8 fl oz/1 taza de suero de leche

Frote la manteca de cerdo con la harina, el bicarbonato de sodio, el crémor tártaro y la sal hasta que la mezcla parezca pan rallado. Agregue la leche y mezcle hasta obtener una masa suave. Estirar sobre una superficie ligeramente enharinada hasta obtener un grosor de 1 cm y cortar con un cortador de galletas. Coloque las galletas (galletas saladas) en una bandeja para hornear engrasada (galletas) y hornee en un horno precalentado a 230°C/450°F/termostato 8 durante 10 minutos hasta que estén doradas.

Molinetes de tomate y parmesano

Hace 16

225g/8oz de hojaldre

30 ml/2 cucharadas de puré de tomate (pasta)

100 g / 1 taza de queso parmesano rallado

Sal y pimienta negra recién molida

Estirar la masa (pasta) hasta obtener un espesor de aproximadamente 5 mm. Untar con el puré de tomate, espolvorear con queso y sazonar con sal y pimienta. Enrolle la masa hasta darle forma de salchicha larga, córtela en rodajas de 1 cm/½ y colóquela en una bandeja para hornear humedecida (galletas). Hornee en un horno precalentado a 220 °C/425 °F/termostato 7 durante unos 10 minutos hasta que esté inflado y dorado.

Galletas de tomate y hierbas

Hace 12

225 g/8 oz/2 tazas de harina común (para todo uso)

5 ml/1 cucharadita de azúcar en polvo (superfina)

2,5 ml/½ cucharadita de sal

40 ml/2½ cucharada de levadura en polvo

100 g/4 oz/½ taza de mantequilla o margarina

30 ml/2 cucharadas de leche

30 ml/2 cucharadas de agua

4 tomates maduros, pelados, sin semillas y picados

45 ml/3 cucharadas de albahaca fresca picada

Mezclar la harina, el azúcar, la sal y el polvo para hornear. Frote la mantequilla o margarina hasta que la mezcla parezca pan rallado. Agregue la leche, el agua, los tomates y la albahaca y mezcle hasta obtener una masa suave. Amasar sobre una superficie ligeramente enharinada durante unos segundos, luego extender hasta obtener 1 pulgada de grosor y cortar en rodajas con un cortador de galletas. Coloque las galletas bien separadas en una bandeja para hornear engrasada y hornee en un horno precalentado a 230 °C/425 °F/termostato 7 durante 15 minutos hasta que estén infladas y doradas.

pan blanco básico

Rinde tres panes de 450 g/1 libra

25 g / 1 oz de levadura fresca o 40 ml / 2½ cucharadas de levadura seca

10 ml/2 cucharaditas de azúcar

900 ml/1½ pts/3¾ tazas de agua tibia

25 g/1 oz/2 cucharadas de manteca de cerdo (manteca vegetal)

1,5 kg/3 lb/12 tazas de harina fuerte y común (para pan)

15 ml/1 cucharada de sal

Mezclar la levadura con el azúcar y un poco de agua tibia y dejar espumar en un lugar cálido durante 20 minutos. Frote la manteca de cerdo con la harina y la sal, luego agregue la mezcla de levadura y suficiente agua restante para formar una masa firme que deje los lados del tazón limpios. Amasar sobre una superficie ligeramente enharinada o en un procesador hasta que esté elástico y ya no pegajoso. Coloque la masa en un bol engrasado, cúbrala con film transparente engrasado (film plástico) y déjela en un lugar cálido durante aproximadamente 1 hora hasta que haya duplicado su tamaño y esté elástica al tacto.

Amasar la masa nuevamente hasta que esté firme, dividirla en tercios y colocarla en moldes para pan (moldes) engrasados de 450 g/1 libra o darle forma de pan de su elección. Tapar y dejar reposar en un lugar cálido durante unos 40 minutos hasta que la masa esté justo por encima de la parte superior de los moldes.

Hornee en un horno precalentado a 230 ° C / 450 ° F / marca de gas 8 durante 30 minutos hasta que los panes comiencen a encogerse de los lados de los moldes y estén dorados, firmes y suenen huecos cuando se golpea la base.

Bagels

Hace 12

15 g/½ oz de levadura fresca o 20 ml/4 cucharaditas de levadura seca

5 ml/1 cucharadita de azúcar en polvo (superfina)

300 ml/½ pt/1¼ tazas de leche tibia

50 g/2 oz/¼ taza de mantequilla o margarina

450 g/1 lb/4 tazas de harina fuerte y común (para pan)

Una pizca de sal

1 yema de huevo

30 ml/2 cucharadas de semillas de amapola

Mezclar la levadura con el azúcar y un poco de leche tibia y dejar espumar en un lugar cálido durante 20 minutos. Frote la mantequilla o margarina con la harina y la sal y haga un hueco en el centro. Agrega la mezcla de levadura, el resto de la leche tibia y la yema de huevo y mezcla hasta obtener una masa suave. Amasar hasta que la masa esté elástica y ya no pegajosa. Colóquelo en un recipiente engrasado, cubra con film transparente engrasado (film plástico) y déjelo en un lugar cálido durante aproximadamente 1 hora hasta que doble su tamaño.

Amasar ligeramente la masa y luego cortarla en 12 trozos. Enrolle cada uno en una tira larga de unos 15 cm/6 pulgadas de largo y gírela hasta formar un anillo. Colocar en una bandeja para hornear engrasada, tapar y dejar reposar durante 15 minutos.

Ponga a hervir agua en una olla grande y luego baje el fuego. Deje caer un aro en el agua hirviendo y cocine por 3 minutos, voltee una vez, retírelo y colóquelo en una bandeja para hornear (galletas). Continúe con los bagels restantes. Espolvorea los bagels con semillas de amapola y hornéalos en el horno precalentado a 230 °C/450 °F/termostato 8 durante 20 minutos hasta que estén dorados.

baps

Hace 12

25 g / 1 oz de levadura fresca o 40 ml / 2½ cucharadas de levadura seca

5 ml/1 cucharadita de azúcar en polvo (superfina)

150 ml/¼ pt/2/3 taza de leche tibia

50 g/2 oz/¼ taza de manteca de cerdo (manteca vegetal)

450 g/1 lb/4 tazas de harina fuerte y común (para pan)

5 ml/1 cucharadita de sal

150 ml/¼ pt/2/3 taza de agua tibia

Mezclar la levadura con el azúcar y un poco de leche tibia y dejar espumar en un lugar cálido durante 20 minutos. Frote la manteca de cerdo con la harina, agregue la sal y haga un hueco en el centro. Agregue la mezcla de levadura, el resto de la leche y el agua y mezcle hasta obtener una masa suave. Amasar hasta que esté elástico y ya no pegajoso. Colóquelo en un recipiente engrasado y cubra con film transparente engrasado (film plástico). Déjelo en un lugar cálido hasta que duplique su tamaño, aproximadamente 1 hora.

Forme 12 panes planos con la masa y colóquelos en una bandeja para hornear engrasada (galletas). Dejar reposar durante 15 minutos.

Hornee en un horno precalentado a 230 °C/450 °F/termostato de gas 8 durante 15-20 minutos hasta que haya subido bien y esté dorado.

Pan Cremoso De Cebada

Para una barra de 900 g/2 lb

15 g/½ oz de levadura fresca o 20 ml/4 cucharaditas de levadura seca

una pizca de azucar

350 ml/12 fl oz/1½ tazas de agua tibia

400 g/14 oz/3½ tazas de harina fuerte y común (para pan)

175 g/6 oz/1½ tazas de harina de cebada

Una pizca de sal

45 ml/3 cucharadas de nata líquida (light)

Mezclar la levadura con el azúcar y un poco de agua tibia y dejar espumar en un lugar cálido durante 20 minutos. Mezcle la harina y la sal en un bol, agregue la mezcla de levadura, la nata y el agua restante y mezcle hasta obtener una masa firme. Amasar hasta que quede suave y ya no pegajoso. Colóquelo en un recipiente engrasado, cubra con film transparente engrasado (film plástico) y déjelo en un lugar cálido durante aproximadamente 1 hora hasta que doble su tamaño.

Amasar ligeramente nuevamente, luego formar un molde para pan engrasado de 900 g/2 lb, tapar y dejar en un lugar cálido durante 40 minutos hasta que la masa haya subido por encima de la parte superior del molde.

Hornee en un horno precalentado a 220 °C/425 °F/marca de gas 7 durante 10 minutos, luego reduzca la temperatura del horno a 190 °C/375 °F/marca de gas 5 y hornee por 25 minutos más hasta que esté dorado y hueco. -suena cuando se golpea la base.

pan de cerveza

Para una barra de 900 g/2 lb

450 g/1 lb/4 tazas de harina con levadura

5 ml/1 cucharadita de sal

350 ml/12 fl oz/1½ tazas de cerveza

Mezcle los ingredientes hasta obtener una masa suave. Forme un molde para pan de 900 g/2 lb engrasado, cubra y deje reposar en un lugar cálido durante 20 minutos. Hornee en un horno precalentado a 190 °C/375 °F/termostato de gas 5 durante 45 minutos hasta que estén dorados y suene hueco al golpearlos en el fondo.

Pan marrón de Boston

Rinde tres panes de 450 g/1 libra

100 g / 4 oz / 1 taza de harina de centeno

100 g / 4 oz / 1 taza de harina de maíz

100 g / 4 oz / 1 taza de harina integral (integral)

5 ml/1 cucharadita de bicarbonato (bicarbonato de sodio)

5 ml/1 cucharadita de sal

250 g/9 oz/¾ taza de melaza negra (melaza)

500 ml/16 fl oz/2 tazas de suero de leche

175 g/6 oz/1 taza de pasas

Combine los ingredientes secos, agregue el jarabe de melaza, el suero de leche y las pasas y mezcle hasta obtener una masa suave. Vierta la mezcla en tres moldes de pudín engrasados de 450 g/1 libra, cúbralos con papel vegetal (encerado) y papel de aluminio y ate con una cuerda para cerrar la parte superior. Colóquelo en una cacerola grande y llénelo con suficiente agua caliente para llegar hasta la mitad de los lados de los tazones. Llevar el agua a ebullición, tapar la cacerola y cocinar a fuego lento durante 2½ horas, agregando agua hirviendo si es necesario. Retire los tazones de la sartén y déjelos enfriar un poco. Servir caliente con mantequilla.

Macetas de salvado

Hace 3

25 g / 1 oz de levadura fresca o 40 ml / 2½ cucharadas de levadura seca

5 ml/1 cucharadita de azúcar

600 ml/1 pt/2½ tazas de agua tibia

675 g/1½ lb/6 tazas de harina integral (integral)

25 g/1 oz/¼ taza de harina de soja

5 ml/1 cucharadita de sal

50 g/2 oz/1 taza de salvado

Leche para glasear

45 ml/3 cucharadas de trigo partido

Necesitará tres macetas de arcilla nuevas y limpias de 13 cm/5. Engrasarlos bien y hornearlos en horno caliente durante 30 minutos para evitar que se agrieten.

Mezclar la levadura con el azúcar y un poco de agua tibia y dejar que se espume. Mezclar la harina, la sal y el salvado y hacer un hueco en el centro. Mezcle la mezcla de agua tibia y levadura y amase hasta obtener una masa firme. Colóquelo sobre una superficie enharinada y amase durante unos 10 minutos hasta que quede suave y elástico. También puedes hacer esto en un procesador de alimentos. Coloque la masa en un recipiente limpio, cubra con film transparente engrasado (film plástico) y déjela reposar en un lugar cálido durante aproximadamente 1 hora hasta que doble su tamaño.

Colocar sobre una superficie enharinada y amasar nuevamente durante 10 minutos. Forme las tres macetas engrasadas, cubra y deje reposar durante 45 minutos hasta que la masa haya subido por encima de la parte superior de las macetas.

Unte la masa con leche y espolvoree con el trigo partido. Hornee en horno precalentado a 230 °C/450 °F/termostato de gas 8 durante 15 minutos. Reduzca la temperatura del horno a 200 °C/400 °F/marca de gas 6 y hornee por 30 minutos más hasta que esté bien leudado y firme. Dar la vuelta y dejar enfriar.

Rollos con mantequilla

Hace 12

450 g/1 lb masa básica de pan blanco

100 g/4 oz/½ taza de mantequilla o margarina, cortada en cubos

Hacer la masa de pan y dejar reposar hasta que doble su tamaño y esté elástica al tacto.

Amasar la masa nuevamente y agregar la mantequilla o margarina. Forme 12 rollos y colóquelos bien separados en una bandeja para hornear engrasada. Cubrir con film transparente engrasado (envoltorio plástico) y dejar reposar en un lugar cálido durante aproximadamente 1 hora hasta que duplique su tamaño.

Hornee en un horno precalentado a 230 °C/450 °F/termostato de gas 8 durante 20 minutos hasta que estén dorados y suene hueco al golpearlos en el fondo.

pan de suero de leche

Rinde una barra de 675 g/1½ lb

450 g/1 lb/4 tazas de harina común (para todo uso)

5 ml/1 cucharadita de crémor tártaro

5 ml/1 cucharadita de bicarbonato (bicarbonato de sodio)

250 ml/8 fl oz/1 taza de suero de leche

Mezclar la harina, el crémor tártaro y la soda en un bol y hacer un hueco en el centro. Agregue suficiente suero de leche para formar una masa suave. Forme una ronda y colóquela en una bandeja para hornear engrasada (galletas). Hornee en un horno precalentado a 220 °C/425 °F/termostato de gas 7 durante 20 minutos hasta que haya subido bien y esté dorado.

pan de maíz canadiense

Para un pan de 23 cm/9 pulgadas

150 g/5 oz/1¼ tazas de harina común (para todo uso)

75 g/3 oz/¾ taza de harina de maíz

15 ml/1 cucharada de levadura en polvo

2,5 ml/½ cucharadita de sal

100 g/4 oz/1/3 taza de jarabe de arce

100 g/4 oz/½ taza de manteca de cerdo (manteca vegetal), derretida

2 huevos batidos

Combine los ingredientes secos, luego agregue el almíbar, la manteca de cerdo y los huevos y revuelva hasta que estén bien combinados. Vierta en un molde para hornear engrasado de 23 cm/9 y hornee en un horno precalentado a 220 °C/425 °F/termostato 7 durante 25 minutos hasta que haya subido bien, esté dorado y comience a encogerse de los lados del molde.

Rollos de Cornualles

Hace 12

25 g / 1 oz de levadura fresca o 40 ml / 2½ cucharadas de levadura seca

15 ml/1 cucharada de azúcar en polvo (superfina)

300 ml/½ pt/1¼ tazas de leche tibia

50 g/2 oz/¼ taza de mantequilla o margarina

450 g/1 lb/4 tazas de harina fuerte y común (para pan)

Una pizca de sal

Mezclar la levadura con el azúcar y un poco de leche tibia y dejar espumar en un lugar cálido durante 20 minutos. Frote la mantequilla o margarina con la harina y la sal y haga un hueco en el centro. Agregue la mezcla de levadura y la leche restante y mezcle hasta obtener una masa suave. Amasar hasta que esté elástico y ya no pegajoso. Colóquelo en un recipiente engrasado y cubra con film transparente engrasado (film plástico). Déjelo en un lugar cálido hasta que duplique su tamaño, aproximadamente 1 hora.

Forme 12 panes planos con la masa y colóquelos en una bandeja para hornear engrasada (galletas). Cubrir con film transparente engrasado y dejar reposar durante 15 minutos.

Hornee en un horno precalentado a 230 °C/450 °F/termostato de gas 8 durante 15-20 minutos hasta que haya subido bien y esté dorado.

pan de campo

Rinde seis panes pequeños

10 ml/2 cucharaditas de levadura seca

15 ml/1 cucharada de miel clara

120 ml/4 fl oz/½ taza de agua tibia

350 g/12 oz/3 tazas de harina fuerte y común (para pan)

5 ml/1 cucharadita de sal

50 g/2 oz/¼ taza de mantequilla o margarina

5 ml/1 cucharadita de semillas de alcaravea

5 ml/1 cucharadita de cilantro molido

5 ml/1 cucharadita de cardamomo molido

120 ml/4 fl oz/½ taza de leche tibia

60 ml/4 cucharadas de semillas de sésamo

Mezclar la levadura y la miel con 45 ml/3 cucharadas de agua tibia y 15 ml/1 cucharada de harina y dejar espumar en un lugar cálido durante unos 20 minutos. Mezcle la harina restante con la sal, luego frote con la mantequilla o margarina y agregue las semillas de alcaravea, el cilantro y el cardamomo y haga un hueco en el centro. Mezcle la mezcla de levadura, el agua restante y suficiente leche hasta obtener una masa suave. Amasar bien hasta que esté firme y ya no pegajoso. Colóquelo en un recipiente engrasado, cubra con film transparente engrasado (film plástico) y déjelo en un lugar cálido durante unos 30 minutos hasta que duplique su tamaño.

Amasar la masa nuevamente y luego darle forma de tortas. Coloque en una bandeja para hornear engrasada (galletas) y unte con leche. Espolvorea con semillas de sésamo. Cubrir con film transparente engrasado y dejar reposar durante 15 minutos.

Hornee en el horno precalentado a 200 °C/400 °F/termostato 6 durante 30 minutos hasta que se dore.

Trenza campestre de semillas de amapola

Para una barra de 450 g/1 lb

275 g/10 oz/2½ tazas de harina común (para todo uso)

25 g/1 oz/2 cucharadas de azúcar en polvo (superfina)

5 ml/1 cucharadita de sal

10 ml/2 cucharadita de levadura seca fácil de mezclar

175 ml/6 fl oz/¾ taza de leche

25 g/2 cucharadas de mantequilla o margarina

1 huevo

Un poco de leche o clara de huevo para glasear

30 ml/2 cucharadas de semillas de amapola

Mezclar la harina, el azúcar, la sal y la levadura. Calentar la leche con la mantequilla o margarina, luego mezclarla con la harina y el huevo y amasar hasta obtener una masa firme. Amasar hasta que esté elástico y ya no pegajoso. Colóquelo en un recipiente engrasado, cubra con film transparente engrasado (film plástico) y déjelo en un lugar cálido durante aproximadamente 1 hora hasta que doble su tamaño.

Amasar nuevamente y darle forma a tres salchichas de aproximadamente 20 cm de largo. Humedece un extremo de cada tira y presiónalas entre sí, luego trenza las tiras, humedece y sella los extremos. Colóquelo en una bandeja para hornear engrasada, cubra con film transparente engrasado y déjelo reposar durante unos 40 minutos hasta que duplique su tamaño.

Unte con leche o clara de huevo y espolvoree con semillas de amapola. Hornee en un horno precalentado a 190 °C/375 °F/termostato 5 durante unos 45 minutos hasta que se doren.

Pan Integral Campestre

Rinde dos panes de 450 g/1 libra

20 ml/4 cucharaditas de levadura seca

5 ml/1 cucharadita de azúcar en polvo (superfina)

600 ml/1 pt/2½ tazas de agua tibia

25 g/1 oz/2 cucharadas de grasa vegetal (manteca vegetal)

800 g/1¾ lb/7 tazas de harina integral (integral)

10 ml/2 cucharadita de sal

10 ml/2 cucharadita de extracto de malta

1 huevo batido

25 g/1 oz/¼ taza de trigo partido

Mezclar la levadura con el azúcar y un poco de agua tibia y dejar reposar hasta que esté espumosa durante unos 20 minutos. Frote la grasa con la harina, la sal y el extracto de malta y haga un hueco en el centro. Agregue la mezcla de levadura y el agua tibia restante y mezcle hasta obtener una masa suave. Amasar bien hasta que quede elástico y ya no pegajoso. Colóquelo en un recipiente engrasado, cubra con film transparente engrasado (film plástico) y déjelo en un lugar cálido durante aproximadamente 1 hora hasta que doble su tamaño.

Amasar la masa nuevamente y darle forma en dos moldes para pan (moldes) engrasados de 450 g/1 libra. Deje reposar en un lugar cálido durante unos 40 minutos hasta que la masa esté justo por encima de la parte superior de los moldes.

Unte generosamente la parte superior de los panes con huevo y espolvoree con trigo partido. Hornee en un horno precalentado a 230 °C/450 °F/termostato de gas 8 durante unos 30 minutos hasta que se doren y suene hueco al golpear la base.

Trenzas Al Curry

Rinde dos panes de 450 g/1 libra

120 ml/4 fl oz/½ taza de agua tibia

30 ml/2 cucharadas de levadura seca

225 g/8 oz/2/3 taza de miel clara

25 g/2 cucharadas de mantequilla o margarina

30 ml/2 cucharadas de curry en polvo

675 g/1½ lb/6 tazas de harina común (para todo uso)

10 ml/2 cucharadita de sal

450 ml/¾ pt/2 tazas de suero de leche

1 huevo

10 ml/2 cucharaditas de agua

45 ml/3 cucharadas de almendras fileteadas (en rodajas)

Mezclar el agua con la levadura y 5 ml/1 cucharadita de miel y dejar reposar 20 minutos hasta que esté espumoso. Derrita la mantequilla o margarina, agregue el curry en polvo y cocine a fuego lento durante 1 minuto. Agrega la miel restante y retira del fuego. Poner en un bol la mitad de la harina y la sal y hacer un hueco en el centro. Agregue la mezcla de levadura, la mezcla de miel y el suero de leche, luego agregue gradualmente la harina restante mientras mezcla para formar una masa suave. Amasar hasta que esté suave y elástica. Colóquelo en un recipiente engrasado, cubra con film transparente engrasado y déjelo en un lugar cálido durante aproximadamente 1 hora hasta que doble su tamaño.

Amasar nuevamente y dividir la masa por la mitad. Corta cada trozo en tercios y enrolla hasta darle forma de salchicha de 20 cm/8. Humedezca un extremo de cada tira y presione juntas en dos tandas de tres para sellar. Trenza los dos juegos de tiras y sella los extremos. Coloque en una bandeja para hornear engrasada (galletas), cubra con film transparente engrasado (film transparente) y déjela reposar durante unos 40 minutos hasta que duplique su volumen.

Batir el huevo con el agua, pincelar con él los panes y espolvorear con almendras. Hornee en un horno precalentado a 190 °C/375 °F/termostato de gas 5 durante 40 minutos hasta que estén dorados y suene hueco al golpearlos en el fondo.

Devon se divide

Hace 12

25 g / 1 oz de levadura fresca o 40 ml / 2½ cucharadas de levadura seca

5 ml/1 cucharadita de azúcar en polvo (superfina)

150 ml/¼ pt/2/3 taza de leche tibia

50 g/2 oz/¼ taza de mantequilla o margarina

450 g/1 lb/4 tazas de harina fuerte y común (para pan)

150 ml/¼ pt/2/3 taza de agua tibia

Mezclar la levadura con el azúcar y un poco de leche tibia y dejar espumar durante 20 minutos en un lugar cálido. Frote la mantequilla o margarina con la harina y haga un hueco en el centro. Agregue la mezcla de levadura, el resto de la leche y el agua y mezcle hasta obtener una masa suave. Amasar hasta que esté elástico y ya no pegajoso. Colóquelo en un recipiente engrasado y cubra con film transparente engrasado (film plástico). Déjelo en un lugar cálido hasta que duplique su tamaño, aproximadamente 1 hora.

Forme 12 panes planos con la masa y colóquelos en una bandeja para hornear engrasada (galletas). Dejar reposar durante 15 minutos.

Hornee en un horno precalentado a 230 °C/450 °F/termostato de gas 8 durante 15-20 minutos hasta que haya subido bien y esté dorado.

Pan de germen de trigo con sabor a fruta

Para una barra de 900 g/2 lb

225 g/8 oz/2 tazas de harina común (para todo uso)

5 ml/1 cucharadita de sal

5 ml/1 cucharadita de bicarbonato (bicarbonato de sodio)

5 ml/1 cucharadita de levadura en polvo

175 g/6 oz/1½ tazas de germen de trigo

100 g / 4 oz / 1 taza de harina de maíz

100 g/4 oz/1 taza de copos de avena

350 g/12 oz/2 tazas de pasas (pasas doradas)

1 huevo, ligeramente batido

250 ml/8 fl oz/1 taza de yogur

150 ml/¼ pt/2/3 taza de melaza negra (melaza)

60 ml/4 cucharadas de almíbar dorado (maíz claro)

30 ml/2 cucharadas de aceite

Mezcle los ingredientes secos y las pasas y haga un hueco en el centro. Mezcle el huevo, el yogur, el almíbar de melaza, el almíbar y el aceite, agregue los ingredientes secos y mezcle hasta obtener una masa suave. Forme un molde para pan (molde) de 900 g/2 lb engrasado y hornee en un horno precalentado a 180 °C/350 °F/termostato de gas 4 durante 1 hora hasta que esté firme al tacto. Deje enfriar en el molde durante 10 minutos antes de transferirlo a una rejilla para que se enfríe.

Trenzas de leche con sabor a fruta

Rinde dos panes de 450 g/1 libra

15 g/½ oz de levadura fresca o 20 ml/4 cucharaditas de levadura seca

5 ml/1 cucharadita de azúcar en polvo (superfina)

450 ml/¾ pt/2 tazas de leche tibia

50 g/2 oz/¼ taza de mantequilla o margarina

675 g/1½ lb/6 tazas de harina común (para todo uso)

Una pizca de sal

100 g/4 oz/2/3 taza de pasas

25 g/1 oz/3 cucharadas de grosellas

25 g/1 oz/3 cucharadas de cáscara mixta (confitada) picada

Leche para glasear

Mezclar la levadura con el azúcar y un poco de leche tibia. Déjelo reposar en un lugar cálido hasta que esté espumoso, aproximadamente 20 minutos. Frote la mantequilla o margarina con la harina y la sal, agregue las pasas, las grosellas y la ralladura mixta y haga un hueco en el centro. Agregue el resto de la mezcla de leche tibia y levadura y amase hasta obtener una masa suave pero no pegajosa. Colóquelo en un recipiente engrasado y cubra con film transparente engrasado (film plástico). Déjelo en un lugar cálido hasta que duplique su tamaño, aproximadamente 1 hora.

Amasar ligeramente nuevamente y luego dividir por la mitad. Divida cada mitad en tercios y enrolle en forma de salchicha. Humedece un extremo de cada rollo y presiona suavemente tres juntos, trenza la masa, humedece y cierra los extremos. Repetir con la otra trenza de masa. Colocar en una bandeja para hornear engrasada (galletas), cubrir con film transparente engrasado (film plástico) y dejar reposar durante unos 15 minutos.

Unte con un poco de leche y luego hornee en un horno precalentado a 200 ° C / 400 ° F / marca de gas 6 durante 30 minutos hasta que se doren y suene hueco al golpearlos.

pan de granero

Rinde dos panes de 900 g/2 lb

25 g / 1 oz de levadura fresca o 40 ml / 2½ cucharadas de levadura seca

5 ml/1 cucharadita de miel

450 ml/¾ pt/2 tazas de agua tibia

350 g/12 oz/3 tazas de harina de granero

350 g/12 oz/3 tazas de harina integral (integral)

15 ml/1 cucharada de sal

15 g/1 cucharada de mantequilla o margarina

Mezclar la levadura con la miel y un poco de agua tibia y dejar en un lugar cálido unos 20 minutos hasta que esté espumosa. Mezclar la harina y la sal y frotar con la mantequilla o margarina. Agregue la mezcla de levadura y suficiente agua tibia para formar una masa suave. Amasar sobre una superficie ligeramente enharinada hasta que quede suave y no pegajosa. Colóquelo en un recipiente engrasado, cubra con film transparente engrasado (film plástico) y déjelo en un lugar cálido durante aproximadamente 1 hora hasta que doble su tamaño.

Amasar nuevamente y formar dos moldes para pan (moldes) engrasados de 900 g/2 lb. Cubrir con film transparente engrasado y dejar reposar hasta que la masa llegue a la parte superior de los moldes.

Hornee en un horno precalentado a 220 °C/425 °F/termostato de gas 7 durante 25 minutos hasta que se doren y suene hueco al golpearlos.

Rollos de granero

Hace 12

15 g/½ oz de levadura fresca o 20 ml/2½ cucharadas de levadura seca

5 ml/1 cucharadita de azúcar en polvo (superfina)

300 ml/½ pt/1¼ tazas de agua tibia

450 g/1 lb/4 tazas de harina de granero

5 ml/1 cucharadita de sal

5 ml/1 cucharada de extracto de malta

30 ml/2 cucharadas de trigo partido

Mezclar la levadura con el azúcar y un poco de agua tibia y dejar en un lugar cálido hasta que esté espumosa. Combine la harina y la sal, luego agregue la mezcla de levadura, el agua tibia restante y el extracto de malta. Amasar sobre una superficie ligeramente enharinada hasta que quede suave y elástica. Colóquelo en un recipiente engrasado, cubra con film transparente engrasado (film plástico) y déjelo en un lugar cálido durante aproximadamente 1 hora hasta que doble su tamaño.

Amasar ligeramente, luego formar panecillos y colocar en una bandeja para hornear engrasada (galletas). Pincelar con agua y espolvorear con trigo partido. Cubrir con film transparente engrasado y dejar en un lugar cálido durante unos 40 minutos hasta que doble su volumen.

Hornee en un horno precalentado a 220 °C/425 °F/termostato de gas 7 durante 10 a 15 minutos hasta que suenen huecos al golpearlos en el fondo.

Pan De Cereales Con Avellanas

Para una barra de 900 g/2 lb

15 g/½ oz de levadura fresca o 20 ml/4 cucharaditas de levadura seca

5 ml/1 cucharadita de azúcar moreno blando

450 ml/¾ pt/2 tazas de agua tibia

450 g/1 lb/4 tazas de harina de granero

175 g/6 oz/1½ tazas de harina fuerte y común (para pan)

5 ml/1 cucharadita de sal

15 ml/1 cucharada de aceite de oliva

100 g / 1 taza de avellanas picadas en trozos grandes

Mezclar la levadura con el azúcar y un poco de agua tibia y dejar espumar en un lugar cálido durante 20 minutos. Mezcle la harina y la sal en un bol, agregue la mezcla de levadura, el aceite y el agua tibia restante y amase hasta obtener una masa firme. Amasar hasta que quede suave y ya no pegajoso. Colóquelo en un recipiente engrasado, cubra con film transparente engrasado (film plástico) y déjelo en un lugar cálido durante aproximadamente 1 hora hasta que doble su tamaño.

Amasar ligeramente nuevamente e incorporar las nueces, luego formar un molde para pan (molde) engrasado de 900 g/2 lb, cubrir con film transparente engrasado y dejar en un lugar cálido durante 30 minutos hasta que la masa haya subido por encima de la parte superior del molde.

Hornee en un horno precalentado a 220 °C/425 °F/termostato de gas 7 durante 30 minutos hasta que se doren y suene hueco cuando se golpea el fondo.

Grissini

Hace 12

25 g / 1 oz de levadura fresca o 40 ml / 2½ cucharadas de levadura seca

15 ml/1 cucharada de azúcar en polvo (superfina)

120 ml/4 fl oz/½ taza de leche tibia

25 g/2 cucharadas de mantequilla o margarina

450 g/1 lb/4 tazas de harina fuerte y común (para pan)

10 ml/2 cucharadita de sal

Mezclar la levadura con 5 ml/1 cucharadita de azúcar y un poco de leche tibia y dejar espumar en un lugar cálido durante 20 minutos. Derrita la mantequilla y el azúcar restante en la leche tibia restante. Coloca la harina y la sal en un bol y haz un hueco en el centro. Vierta la mezcla de levadura y leche y amase hasta obtener una masa húmeda. Amasar hasta que quede suave. Colóquelo en un recipiente engrasado, cubra con film transparente engrasado (film plástico) y déjelo en un lugar cálido durante aproximadamente 1 hora hasta que doble su tamaño.

Amasar ligeramente, luego dividir en 12 partes, extenderlas en palitos largos y delgados y colocarlas bien separadas en una bandeja para hornear engrasada. Cubrir con film transparente engrasado y dejar reposar en un lugar cálido durante 20 minutos.

Cepille los palitos de pan con agua, luego hornee durante 10 minutos en un horno precalentado a 220 °C/425 °F/marca de gas 7, luego reduzca la temperatura del horno a 180 °C/350 °F/marca de gas 4 y hornee por otro tiempo. 20 minutos hasta que estén crujientes.

Trenza de cosecha

Para una barra de 550 g/1¼ lb

25 g / 1 oz de levadura fresca o 40 ml / 2½ cucharadas de levadura seca

25 g/1 oz/2 cucharadas de azúcar en polvo (superfina)

150 ml/¼ pt/2/3 taza de leche tibia

50 g/2 oz/¼ taza de mantequilla o margarina, derretida

1 huevo batido

450 g/1 lb/4 tazas de harina común (para todo uso)

Una pizca de sal

30 ml/2 cucharadas de grosellas

2,5 ml/½ cucharadita de canela molida

5 ml/1 cucharadita de piel de limón rallada

Leche para glasear

Mezclar la levadura con 2,5 ml/½ cucharadita de azúcar y un poco de leche tibia y dejar en un lugar cálido unos 20 minutos hasta que esté espumosa. Mezclar el resto de la leche con la mantequilla o margarina y dejar enfriar un poco. Incorpora el huevo. Coloca los ingredientes restantes en un bol y haz un hueco en el centro. Agregue la mezcla de leche y levadura y mezcle hasta obtener una masa suave. Amasar hasta que esté elástico y ya no pegajoso. Colóquelo en un recipiente engrasado y cubra con film transparente engrasado (film plástico). Déjelo en un lugar cálido hasta que duplique su tamaño, aproximadamente 1 hora.

Divide la masa en tercios y enróllala en tiras. Humedece un extremo de cada tira y asegúralo, luego trénzalos y humedece y asegura los otros extremos. Colocar en una bandeja de horno engrasada, cubrir con film transparente engrasado y dejar en un lugar cálido durante 15 minutos.

Pincelar con un poco de leche y hornear en horno precalentado a 220°C/425°F/termostato 7 durante 15-20 minutos hasta que se doren y suene hueco al golpear la base.

Pan de leche

Rinde dos panes de 450 g/1 libra

15 g/½ oz de levadura fresca o 20 ml/4 cucharaditas de levadura seca

5 ml/1 cucharadita de azúcar en polvo (superfina)

450 ml/¾ pt/2 tazas de leche tibia

50 g/2 oz/¼ taza de mantequilla o margarina

675 g/1½ lb/6 tazas de harina común (para todo uso)

Una pizca de sal

Leche para glasear

Mezclar la levadura con el azúcar y un poco de leche tibia. Déjelo reposar en un lugar cálido hasta que esté espumoso, aproximadamente 20 minutos. Frote la mantequilla o margarina con la harina y la sal y haga un hueco en el centro. Agregue el resto de la mezcla de leche tibia y levadura y amase hasta obtener una masa suave pero no pegajosa. Colóquelo en un recipiente engrasado y cubra con film transparente engrasado (film plástico). Déjelo en un lugar cálido hasta que duplique su tamaño, aproximadamente 1 hora.

Amasar ligeramente nuevamente, luego dividir la mezcla entre dos moldes para pan (moldes) engrasados de 450 g/1 libra, cubrir con film transparente engrasado y dejar reposar durante unos 15 minutos hasta que la masa suba hasta la parte superior de los moldes.

Unte con un poco de leche y luego hornee en un horno precalentado a 200 ° C / 400 ° F / marca de gas 6 durante 30 minutos hasta que se doren y suene hueco al golpearlos.

Pan De Frutas Con Leche

Rinde dos panes de 450 g/1 libra

15 g/½ oz de levadura fresca o 20 ml/4 cucharaditas de levadura seca

5 ml/1 cucharadita de azúcar en polvo (superfina)

450 ml/¾ pt/2 tazas de leche tibia

50 g/2 oz/¼ taza de mantequilla o margarina

675 g/1½ lb/6 tazas de harina común (para todo uso)

Una pizca de sal

100 g/4 oz/2/3 taza de pasas

Leche para glasear

Mezclar la levadura con el azúcar y un poco de leche tibia. Déjelo reposar en un lugar cálido hasta que esté espumoso, aproximadamente 20 minutos. Frote la mantequilla o margarina con la harina y la sal, agregue las pasas y haga un hueco en el centro. Agregue el resto de la mezcla de leche tibia y levadura y amase hasta obtener una masa suave pero no pegajosa. Colóquelo en un recipiente engrasado y cubra con film transparente engrasado (film plástico). Déjelo en un lugar cálido hasta que duplique su tamaño, aproximadamente 1 hora.

Amasar ligeramente nuevamente, luego dividir la mezcla entre dos moldes para pan (moldes) engrasados de 450 g/1 libra, cubrir con film transparente engrasado y dejar reposar durante unos 15 minutos hasta que la masa suba hasta la parte superior de los moldes.

Unte con un poco de leche y luego hornee en un horno precalentado a 200 ° C / 400 ° F / marca de gas 6 durante 30 minutos hasta que se doren y suene hueco al golpearlos.

Pan de gloria de la mañana

Rinde dos panes de 450 g/1 libra

100 g/4 oz/1 taza de cereales integrales

15 ml/1 cucharada de extracto de malta

450 ml/¾ pt/2 tazas de agua tibia

25 g / 1 oz de levadura fresca o 40 ml / 2½ cucharadas de levadura seca

30 ml/2 cucharadas de miel clara

25 g/1 oz/2 cucharadas de grasa vegetal (manteca vegetal)

675 g/1½ lb/6 tazas de harina integral (integral)

25 g/1 oz/¼ taza de leche en polvo (leche en polvo desnatada)

5 ml/1 cucharadita de sal

Remoje los cereales integrales y el extracto de malta en agua tibia durante la noche.

Mezclar la levadura con un poco de agua tibia y 5 ml/1 cucharadita de miel. Déjelo reposar en un lugar cálido hasta que esté espumoso, aproximadamente 20 minutos. Frote la grasa con la harina, la leche en polvo y la sal y haga un hueco en el centro. Agregue la mezcla de levadura, el resto de la mezcla de miel y trigo y amase hasta formar una masa. Amasar bien hasta que quede suave y ya no pegajoso. Colóquelo en un recipiente engrasado, cubra con film transparente engrasado (film plástico) y déjelo en un lugar cálido durante aproximadamente 1 hora hasta que doble su tamaño.

Amasar la masa nuevamente y luego darle forma en dos moldes para pan (moldes) engrasados de 450 g/1 libra. Cubrir con film transparente engrasado y dejar en un lugar cálido durante 40 minutos hasta que la masa esté justo por encima de la parte superior de los moldes.

Hornee en un horno precalentado a 200 °C/425 °F/termostato de gas 7 durante unos 25 minutos hasta que haya subido bien y suene hueco al golpearlo en el fondo.

Pan de muffin

Rinde dos panes de 900 g/2 lb

300 g/10 oz/2½ tazas de harina integral (integral)

300 g/10 oz/2½ tazas de harina común (para todo uso)

40 ml/2½ cucharadas de levadura seca

15 ml/1 cucharada de azúcar en polvo (superfina)

10 ml/2 cucharadita de sal

500 ml/17 fl oz/2¼ tazas de leche tibia

2,5 ml/½ cucharadita de bicarbonato (bicarbonato de sodio)

15 ml/1 cucharada de agua tibia

Mezclar las harinas. Mida 350 g/12 oz/3 tazas de harina mezclada en un bol y mezcle con la levadura, el azúcar y la sal. Agrega la leche y bate hasta que esté firme. Mezcle la soda y el agua y mezcle con la masa con el resto de la harina. Divida la mezcla entre dos moldes para pan (moldes) engrasados de 900 g/2 lb, cubra y deje crecer hasta que duplique su tamaño, aproximadamente 1 hora.

Hornee en un horno precalentado a 190 °C/375 °F/termostato de gas 5 durante 1¼ horas hasta que haya subido bien y esté dorado.

pan sin arroz

Para una barra de 900 g/2 lb

450 g / 4 tazas de harina integral (integral)

175 g/6 oz/1½ tazas de harina con levadura

5 ml/1 cucharadita de sal

30 ml/2 cucharadas de azúcar en polvo (superfina)

450 ml/¾ pt/2 tazas de leche

20 ml/4 cucharaditas de vinagre

30 ml/2 cucharadas de aceite

5 ml/1 cucharadita de bicarbonato (bicarbonato de sodio)

Mezclar la harina, la sal y el azúcar y hacer un hueco en el centro. Batir la leche, el vinagre, el aceite y la soda, verter en los ingredientes secos y mezclar hasta obtener una masa suave. Forme un molde para pan (molde) de 900 g/2 lb engrasado y hornee en un horno precalentado a 180 °C/350 °F/termostato de gas 4 durante 1 hora hasta que se dore y suene hueco cuando se golpea el fondo.

Masa para pizza

Suficiente para dos pizzas de 23 cm/9 pulgadas

15 g/½ oz de levadura fresca o 20 ml/4 cucharaditas de levadura seca

una pizca de azucar

250 ml/8 fl oz/1 taza de agua tibia

350 g/12 oz/3 tazas de harina para todo uso

Una pizca de sal

30 ml/2 cucharadas de aceite de oliva

Mezclar la levadura con el azúcar y un poco de agua tibia y dejar espumar en un lugar cálido durante 20 minutos. Mezclar la harina con la sal y el aceite de oliva y amasar hasta obtener una masa suave y no pegajosa. Colóquelo en un recipiente engrasado, cubra con film transparente engrasado (film plástico) y déjelo en un lugar cálido durante 1 hora hasta que doble su tamaño. Amasar nuevamente y darle la forma deseada.

Mazorca De Avena

Para una barra de 450 g/1 lb

25 g / 1 oz de levadura fresca o 40 ml / 2½ cucharadas de levadura seca

5 ml/1 cucharadita de azúcar en polvo (superfina)

150 ml/¼ pt/2/3 taza de leche tibia

150 ml/¼ pt/2/3 taza de agua tibia

400 g/14 oz/3½ tazas de harina fuerte y común (para pan)

5 ml/1 cucharadita de sal

25 g/2 cucharadas de mantequilla o margarina

100 g/4 oz/1 taza de avena mediana

Mezclar la levadura y el azúcar con la leche y el agua y dejar que se espume en un lugar cálido. Mezcle la harina y la sal, luego agregue la mantequilla o margarina y agregue la avena. Haga un hueco en el centro, vierta la mezcla de levadura y amase hasta obtener una masa suave. Colóquelo sobre una superficie enharinada y amase durante 10 minutos hasta que quede suave y elástico. Colóquelo en un recipiente engrasado, cubra con film transparente engrasado (envoltorio plástico) y déjelo reposar en un lugar cálido durante aproximadamente 1 hora hasta que duplique su tamaño.

Amasar la masa nuevamente y luego darle la forma de hogaza que prefieras. Colóquelos en una bandeja de horno engrasada, unte con un poco de agua, cúbralos con film transparente engrasado y déjelos duplicar su tamaño en un lugar cálido durante unos 40 minutos.

Hornee en un horno precalentado a 230 ° C / 450 ° F / marca de gas 8 durante 25 minutos hasta que haya subido bien y esté dorado y suene hueco cuando se golpea la base.

harina de avena

Hace 4

25 g / 1 oz de levadura fresca o 40 ml / 2½ cucharadas de levadura seca

5 ml/1 cucharadita de miel

300 ml/½ pt/1¼ tazas de agua tibia

450 g/1 lb/4 tazas de harina fuerte y común (para pan)

50 g/2 oz/½ taza de avena mediana

2,5 ml/½ cucharadita de levadura en polvo

Una pizca de sal

25 g/2 cucharadas de mantequilla o margarina

Mezclar la levadura con la miel y un poco de agua tibia y dejar espumar en un lugar cálido durante 20 minutos.

Mezcle la harina, la avena, el polvo para hornear y la sal y frote con la mantequilla o margarina. Agregue la mezcla de levadura y el agua tibia restante y mezcle hasta obtener una masa medianamente suave. Amasar hasta que esté elástico y ya no pegajoso. Colóquelo en un recipiente engrasado, cubra con film transparente engrasado (film plástico) y déjelo en un lugar cálido durante aproximadamente 1 hora hasta que doble su tamaño.

Amasar ligeramente nuevamente y formar una ronda de unos 3 cm de espesor. Córtelos en cuartos y colóquelos ligeramente separados pero aún en su forma redonda original sobre una bandeja para hornear engrasada. Cubrir con film transparente engrasado y dejar reposar durante unos 30 minutos hasta que doble su tamaño.

Hornee en un horno precalentado a 200 °C/400 °F/termostato de gas 6 durante 30 minutos hasta que estén dorados y suene hueco al golpearlos en el fondo.

pan de pita

Hace 6

15 g/½ oz de levadura fresca o 20 ml/4 cucharaditas de levadura seca

5 ml/1 cucharadita de azúcar en polvo (superfina)

300 ml/½ pt/1¼ tazas de agua tibia

450 g/1 lb/4 tazas de harina fuerte y común (para pan)

5 ml/1 cucharadita de sal

Mezclar la levadura, el azúcar y un poco de agua tibia y dejar espumar en un lugar cálido durante 20 minutos. Mezcle la mezcla de levadura y el agua tibia restante con la harina y la sal y mezcle hasta obtener una masa firme. Amasar hasta que esté suave y elástica. Colóquelo en un recipiente engrasado, cubra con film transparente engrasado (film plástico) y déjelo en un lugar cálido durante aproximadamente 1 hora hasta que doble su tamaño.

Amasar nuevamente y dividir en seis trozos. Enrolle hasta formar óvalos de unos 5 mm/¼ de grosor y colóquelos en una bandeja para hornear engrasada (galletas). Cubrir con film transparente engrasado y dejar reposar durante 40 minutos hasta que doble su tamaño.

Hornee en el horno precalentado a 230 °C/450 °F/termostato 8 durante 10 minutos hasta que esté ligeramente dorado.

pan integral rápido

Rinde dos panes de 450 g/1 libra

15 g/½ oz de levadura fresca o 20 ml/4 cucharaditas de levadura seca

300 ml/½ pt/1¼ tazas de leche tibia y agua mezcladas

15 ml/1 cucharada de almíbar negro (melaza)

225 g / 8 oz / 2 tazas de harina integral (integral)

225 g/8 oz/2 tazas de harina común (para todo uso)

10 ml/2 cucharadita de sal

25 g/2 cucharadas de mantequilla o margarina

15 ml/1 cucharada de trigo partido

Mezclar la levadura con un poco de leche y agua tibia y el almíbar y dejar en un lugar cálido hasta que esté espumoso. Mezclar la harina y la sal y frotar con la mantequilla o margarina. Hacer un hueco en el centro y verter la mezcla de levadura, formando una masa firme. Colóquelo sobre una superficie enharinada y amase durante 10 minutos hasta que quede suave y elástico, o procese en un procesador de alimentos. Forme dos panes y colóquelos en moldes para pan (moldes) engrasados y forrados de 450 g/1 libra. Cepille la parte superior con agua y espolvoree con el trigo partido. Cubrir con film transparente engrasado (film transparente) y dejar en un lugar cálido durante aproximadamente 1 hora hasta que duplique su tamaño.

Hornee en un horno precalentado a 240 ° C / 475 ° F / marca de gas 8 durante 40 minutos hasta que los panes suenen huecos cuando se golpea la base.

Pan De Arroz Húmedo

Para una barra de 900 g/2 lb

75 g/3 oz/1/3 taza de arroz de grano largo

15 g/½ oz de levadura fresca o 20 ml/4 cucharaditas de levadura seca

una pizca de azucar

250 ml/8 fl oz/1 taza de agua tibia

550 g/1¼ lb/5 tazas de harina fuerte y común (para pan)

2,5 ml/½ cucharadita de sal

Mide el arroz en una taza y viértelo en una sartén. Agregue tres veces la cantidad de agua fría, lleve a ebullición, cubra y cocine a fuego lento hasta que se absorba el agua, aproximadamente 20 minutos. Mientras tanto, mezcla la levadura con el azúcar y un poco de agua tibia y deja que espume en un lugar cálido durante 20 minutos.

Coloca la harina y la sal en un bol y haz un hueco en el centro. Incorpora la mezcla de levadura y el arroz tibio y mezcla hasta obtener una masa suave. Colóquelo en un recipiente engrasado, cubra con film transparente engrasado (film plástico) y déjelo en un lugar cálido durante aproximadamente 1 hora hasta que doble su tamaño.

Amasar ligeramente, añadiendo un poco más de harina si la masa es demasiado blanda para manipularla, y darle forma a un molde para pan engrasado de 900 g/2 lb. Cubrir con film transparente engrasado y dejar en un lugar cálido durante 30 minutos hasta que la masa haya subido por encima de la parte superior del molde.

Hornee en el horno precalentado a 230 °C/450 °F/marca de gas 8 durante 10 minutos, luego reduzca la temperatura del horno a 200 °C/400 °F/marca de gas 6 y hornee por 25 minutos más hasta que esté dorado y hueco. -suena cuando se golpea la base.

Pan de arroz y almendras

Para una barra de 900 g/2 lb

175 g/6 oz/¾ taza de mantequilla o margarina, ablandada

175 g/6 oz/¾ taza de azúcar (superfina)

3 huevos, ligeramente batidos

100 g/4 oz/1 taza de harina fuerte (pan)

5 ml/1 cucharadita de levadura en polvo

Una pizca de sal

100 g / 4 oz / 1 taza de arroz molido

50 g/2 oz/½ taza de almendras molidas

15 ml/1 cucharada de agua tibia

Batir la mantequilla o margarina y el azúcar hasta que esté suave y esponjosa. Incorpora poco a poco los huevos, luego incorpora los ingredientes secos y el agua hasta que se forme una masa suave. Forme un molde para pan (molde) de 900 g/2 lb engrasado y hornee en un horno precalentado a 180 °C/350 °F/termostato de gas 4 durante 1 hora hasta que se dore y suene hueco cuando se golpea el fondo.

Bizcocho crujiente

Hace 24

675 g/1½ lb/6 tazas de harina común (para todo uso)

15 ml/1 cucharada de crémor tártaro

10 ml/2 cucharadita de sal

400 g/14 oz/1¾ tazas de azúcar en polvo (superfina)

250 g/9 oz/generosa 1 taza de mantequilla o margarina

10 ml/2 cucharadita de bicarbonato (bicarbonato de sodio)

250 ml/8 fl oz/1 taza de suero de leche

1 huevo

Mezclar la harina, el crémor tártaro y la sal. Agrega el azúcar. Frote la mantequilla o margarina hasta que la mezcla parezca pan rallado y haga un hueco en el centro. Mezclar el bicarbonato con un poco de buttermilk y mezclar el huevo con el resto del buttermilk. Reserva 30 ml/2 cucharadas de la mezcla de huevo para glasear los bizcochos. Mezcle el resto con los ingredientes secos con la mezcla de bicarbonato de sodio y amase hasta obtener una masa firme. Dividir la masa en seis porciones iguales y darles forma de salchichas. Aplánalas un poco y córtalas en seis trozos cada una. Coloque en una bandeja para hornear engrasada (galletas) y unte con la mezcla de huevo reservada. Hornee en el horno precalentado a 200 °C/400 °F/termostato 6 durante 30 minutos hasta que se dore.

pan de centeno

Rinde dos panes de 450 g/1 libra

25 g / 1 oz de levadura fresca o 40 ml / 2½ cucharadas de levadura seca

15 ml/1 cucharada de azúcar moreno blando

300 ml/½ pt/1¼ tazas de agua tibia

450 g/1 lb/4 tazas de harina de centeno

225 g/8 oz/2 tazas de harina fuerte (panificable)

5 ml/1 cucharadita de sal

5 ml/1 cucharadita de semillas de alcaravea

150 ml/¼ pt/2/3 taza de leche tibia

Mezclar la levadura con el azúcar y un poco de agua tibia y dejar en un lugar cálido hasta que esté espumosa. Mezcle la harina, la sal y las semillas de alcaravea y haga un hueco en el centro. Incorpora la mezcla de levadura, la leche y el agua restante y amasa hasta obtener una masa firme. Colóquelo sobre una superficie enharinada y amase durante 8 minutos hasta que quede suave y elástico, o procese en un procesador de alimentos. Colóquelo en un recipiente engrasado, cubra con film transparente engrasado (film plástico) y déjelo en un lugar cálido durante aproximadamente 1 hora hasta que doble su tamaño. Amasar nuevamente, luego formar dos panes y colocar en una bandeja para hornear engrasada (galletas). Cubrir con film transparente engrasado y dejar reposar durante 30 minutos.

Hornee en el horno precalentado a 220 °C/425 °F/punto de gas 7 durante 15 minutos, luego reduzca la temperatura del horno a 190 °C/375 °F/punto de gas 5 durante 25 minutos más hasta que los panes suenen huecos al golpéelos en la base.

Anillo de bollo de miel

Hace un anillo de 20 cm/8 pulgadas

Para la masa:

100 g/4 oz/½ taza de mantequilla o margarina

350 g/12 oz/3 tazas de harina con levadura

Una pizca de sal

1 huevo

150 ml/¼ pt/2/3 taza de leche

Para el llenado:

100 g/4 oz/½ taza de mantequilla o margarina, ablandada

60 ml/4 cucharadas de miel clara

15 ml/1 cucharada de azúcar demerara

Para hacer la masa, frote la mantequilla o margarina con la harina y la sal hasta que la mezcla parezca pan rallado. Batir el huevo y la leche, luego mezclar con la mezcla de harina lo suficiente como para hacer una masa suave. Extienda sobre una superficie ligeramente enharinada hasta formar un cuadrado de 30 cm/12 pulgadas.

Para el relleno, mezcle la mantequilla o margarina y la miel. Reserva 15 ml/1 cucharada de la mezcla y extiende el resto sobre la masa. Enrolle como un panecillo suizo (gelatina) y luego córtelo en ocho rebanadas. Coloque las rebanadas en un molde para pastel de 20 cm engrasado, siete alrededor del borde y una en el centro. Untar con la mezcla de miel reservada y espolvorear con azúcar. Hornee el bollo (galleta) en un horno precalentado a 190 °C/375 °F/termostato 5 durante 30 minutos hasta que se dore. Deje enfriar en el molde durante 10 minutos antes de transferirlo a una rejilla para que se enfríe.

Bollos de granola

Rinde 8 cuñas

100 g/4 oz/1 taza de muesli

150 ml/¼ pt/2/3 taza de agua

50 g/2 oz/¼ taza de mantequilla o margarina

100 g / 4 oz / 1 taza de harina común (para todo uso) o harina integral (integral)

10 ml/2 cucharaditas de levadura en polvo

50 g/2 oz/1/3 taza de pasas

1 huevo batido

Remojar el muesli en agua durante 30 minutos. Frote la mantequilla o margarina con la harina y el polvo para hornear hasta que la mezcla parezca pan rallado, luego agregue las pasas y el muesli remojado y mezcle hasta obtener una masa suave. Forme una ronda de 20 cm/8 pulgadas y aplánela en una bandeja para hornear engrasada (galletas). Cortar parcialmente en ocho secciones y pintar con huevo batido. Hornee en el horno precalentado a 230 °C/450 °F/termostato 8 durante unos 20 minutos hasta que se doren.

Scones de naranja y pasas

Hace 12

50 g/2 oz/¼ taza de mantequilla o margarina

225 g/8 oz/2 tazas de harina común (para todo uso)

2,5 ml/½ cucharadita de bicarbonato (bicarbonato de sodio)

100 g/4 oz/2/3 taza de pasas

5 ml/1 cucharadita de piel de naranja rallada

60 ml/4 cucharadas de zumo de naranja

60 ml/4 cucharadas de leche

Leche para glasear

Frote la mantequilla o margarina con la harina y el bicarbonato de sodio y agregue las pasas y la ralladura de naranja. Incorpora el jugo de naranja y la leche para hacer una masa suave. Estirar sobre una superficie ligeramente enharinada hasta obtener aproximadamente 1 pulgada de grosor y cortar en rodajas con un cortador de galletas. Coloque los bollos (galletas) en una bandeja para hornear (galletas) engrasada y unte la parte superior con leche. Hornee en el horno precalentado a 200 °C/400 °F/termostato 6 durante 15 minutos hasta que esté ligeramente dorado.

Bollos de pera

Hace 12

50 g/2 oz/¼ taza de mantequilla o margarina

225 g / 8 oz / 2 tazas de harina con levadura

25 g/1 oz/2 cucharadas de azúcar en polvo (superfina)

1 pera firme, pelada, sin corazón y cortada en trozos

150 ml/¼ pt/2/3 taza de yogur

30 ml/2 cucharadas de leche

Frote la mantequilla o margarina con la harina. Agrega el azúcar y la pera y mezcla el yogur hasta obtener una masa suave, agregando un poco de leche si es necesario. Estirar sobre una superficie ligeramente enharinada hasta obtener aproximadamente 1 pulgada de grosor y cortar en rodajas con un cortador de galletas. Coloque los bollos (galletas) en una bandeja para hornear (galletas) engrasada y hornee en un horno precalentado a 230°C/450°F/termostato 8 durante 10-15 minutos hasta que estén bien leudados y dorados.

bollos de patata

Hace 12

50 g/2 oz/¼ taza de mantequilla o margarina

225 g / 8 oz / 2 tazas de harina con levadura

Una pizca de sal

175 g/6 oz/¾ taza de puré de papa cocido

60 ml/4 cucharadas de leche

Frote la mantequilla o margarina con la harina y la sal. Agrega el puré de papas y suficiente leche para hacer una masa suave. Estirar sobre una superficie ligeramente enharinada hasta obtener aproximadamente 1 pulgada de grosor y cortar en rodajas con un cortador de galletas. Coloque los bollos (galletas) en una bandeja para hornear (galletas) ligeramente engrasada y hornee en un horno precalentado a 200°C/400°F/termostato 6 durante 15-20 minutos hasta que estén ligeramente dorados.

Bollos de pasas

Hace 12

75 g/3 oz/½ taza de pasas

225 g/8 oz/2 tazas de harina común (para todo uso)

2,5 ml/½ cucharadita de sal

15 ml/1 cucharada de levadura en polvo

25 g/1 oz/2 cucharadas de azúcar en polvo (superfina)

50 g/2 oz/¼ taza de mantequilla o margarina

120 ml/4 fl oz/½ taza de crema simple (light)

1 huevo batido

Remojar las pasas en agua caliente durante 30 minutos y luego escurrir. Mezcle los ingredientes secos y frote con la mantequilla o margarina. Agrega la nata y el huevo hasta formar una masa suave. Dividir en tres bolas, extenderlas hasta que tengan un grosor de aproximadamente 1 cm y colocarlas en una bandeja para hornear engrasada (galletas). Corta cada uno en cuartos. Hornee los bollos (galletas) en un horno precalentado a 230 °C/450 °F/termostato 8 durante unos 10 minutos hasta que estén dorados.

Bollos de almíbar

hace 10

225 g/8 oz/2 tazas de harina común (para todo uso)

10 ml/2 cucharaditas de levadura en polvo

2,5 ml/½ cucharadita de canela molida

50 g/2 oz/¼ taza de mantequilla o margarina, cortada en cubos

25 g/1 oz/2 cucharadas de azúcar en polvo (superfina)

30 ml/2 cucharadas de almíbar negro (melaza)

150 ml/¼ pt/2/3 taza de leche

Mezcle la harina, el polvo para hornear y la canela. Frote la mantequilla o margarina y agregue el azúcar, el almíbar y suficiente leche para formar una masa suave. Estirar hasta que tenga 1 cm/½ de grosor y cortar en rodajas de 5 cm/2 con un cortador de galletas. Coloque los bollos (galletas) en una bandeja para hornear engrasada y hornee en un horno precalentado a 220°C/425°F/termostato de gas 7 durante 10-15 minutos hasta que estén bien leudados y dorados.

Scones de almíbar y jengibre

Hace 12

400 g/14 oz/3½ tazas de harina común (para todo uso)

50 g/2 oz/½ taza de harina de arroz

5 ml/1 cucharadita de bicarbonato (bicarbonato de sodio)

2,5 ml/½ cucharadita de crémor tártaro

10 ml/2 cucharaditas de jengibre en polvo

2,5 ml/½ cucharadita de sal

10 ml/2 cucharaditas de azúcar en polvo (superfina)

50 g/2 oz/¼ taza de mantequilla o margarina

30 ml/2 cucharadas de almíbar negro (melaza)

300 ml/½ pt/1¼ tazas de leche

Mezclar los ingredientes secos. Frote la mantequilla o margarina hasta que la mezcla parezca pan rallado. Agregue el almíbar y suficiente leche para hacer una masa suave pero no pegajosa. Amasar suavemente sobre una superficie ligeramente enharinada, luego extender y cortar rondas con un cortador de galletas de 7,5 cm/3 pulgadas. Coloque los bollos (galletas) en una bandeja para hornear engrasada (galletas) y unte con la leche restante. Hornee en un horno precalentado a 220 °C/425 °F/termostato 7 durante 15 minutos hasta que suba y se dore.

Bollos de Sultana

Hace 12

225 g/8 oz/2 tazas de harina común (para todo uso)

Una pizca de sal

2,5 ml/½ cucharadita de bicarbonato (bicarbonato de sodio)

2,5 ml/½ cucharadita de crémor tártaro

50 g/2 oz/¼ taza de mantequilla o margarina

25 g/1 oz/2 cucharadas de azúcar en polvo (superfina)

50 g/2 oz/1/3 taza de pasas (pasas doradas)

7,5 ml/½ cucharada de jugo de limón

150 ml/¼ pt/2/3 taza de leche

Mezclar la harina, la sal, el bicarbonato y el crémor tártaro. Frote la mantequilla o margarina hasta que la mezcla parezca pan rallado. Agregue el azúcar y las pasas. Mezcla el jugo de limón con la leche y revuélvelo poco a poco con los ingredientes secos hasta obtener una masa suave. Amasar ligeramente, luego extenderla hasta que tenga un grosor de aproximadamente 1 cm y cortarla en rodajas de 5 cm/2 con un cortador de galletas. Coloque los bollos (galletas) en una bandeja para hornear engrasada (galletas) y hornee en un horno precalentado a 230 °C/450 °F/termostato 8 durante unos 10 minutos hasta que estén bien leudados y dorados.

Bollos de almíbar integral

Hace 12

100 g / 4 oz / 1 taza de harina integral (integral)

100 g / 4 oz / 1 taza de harina común (para todo uso)

25 g/1 oz/2 cucharadas de azúcar en polvo (superfina)

2,5 ml/½ cucharadita de crémor tártaro

2,5 ml/½ cucharadita de bicarbonato (bicarbonato de sodio)

5 ml/1 cucharadita de hierbas mixtas (tarta de manzana)

50 g/2 oz/¼ taza de mantequilla o margarina

30 ml/2 cucharadas de almíbar negro (melaza)

100 ml/3½ fl oz/6½ cucharadas de leche

Mezcle los ingredientes secos y frote con la mantequilla o margarina. Calienta el almíbar y luego mézclalo con suficiente leche con los ingredientes para formar una masa suave. Estirar sobre una superficie ligeramente enharinada hasta obtener un grosor de 1 cm y cortar círculos con un cortador de galletas. Coloque los bollos (galletas) en una bandeja para hornear (galletas) engrasada y enharinada y unte con leche. Hornee en horno precalentado a 190 °C/375 °F/termostato de gas 5 durante 20 minutos.

Bollos de yogur

Hace 12

200 g/7 oz/1¾ tazas de harina común (para todo uso)

25 g/1 oz/¼ taza de harina de arroz

10 ml/2 cucharaditas de levadura en polvo

Una pizca de sal

15 ml/1 cucharada de azúcar en polvo (superfina)

50 g/2 oz/¼ taza de mantequilla o margarina

150 ml/¼ pt/2/3 taza de yogur

Mezclar la harina, la levadura en polvo, la sal y el azúcar. Frote la mantequilla o margarina hasta que la mezcla parezca pan rallado. Agrega el yogur para formar una masa suave pero no pegajosa. Estirar sobre una superficie enharinada hasta obtener un grosor de unos 2 cm y cortar en rodajas de 5 cm/2 con un cortador de galletas. Colóquelo en una bandeja para hornear engrasada y hornee en un horno precalentado a 200 °C/400 °F/termostato 6 durante unos 15 minutos hasta que esté bien leudado y dorado.

bollos de queso

Hace 12

225 g/8 oz/2 tazas de harina común (para todo uso)

2,5 ml/½ cucharadita de sal

15 ml/1 cucharada de levadura en polvo

50 g/2 oz/¼ taza de mantequilla o margarina

100 g/4 oz/1 taza de queso cheddar rallado

150 ml/¼ pt/2/3 taza de leche

Mezclar la harina, la sal y el polvo para hornear. Frote la mantequilla o margarina hasta que la mezcla parezca pan rallado. Agrega el queso. Incorpora poco a poco la leche hasta formar una masa suave. Amasar ligeramente, luego extenderla hasta que tenga un grosor de aproximadamente 1 cm y cortarla en rodajas de 5 cm/2 con un cortador de galletas. Coloque los bollos (galletas) en una bandeja para hornear (galletas) engrasada y hornee en un horno precalentado a 220°C/425°F/termostato de gas 7 durante 12-15 minutos hasta que estén bien leudados y dorados. Servir caliente o frío.

Bollos de hierbas integrales

Hace 12

100 g/4 oz/½ taza de mantequilla o margarina

175 g/6 oz/1¼ tazas de harina integral (integral)

50 g/2 oz/½ taza de harina común (para todo uso)

10 ml/2 cucharaditas de levadura en polvo

30 ml/2 cucharadas de salvia o tomillo fresco picado

150 ml/¼ pt/2/3 taza de leche

Frote la mantequilla o margarina con la harina y el polvo para hornear hasta que la mezcla parezca pan rallado. Agrega las hierbas y suficiente leche para formar una masa suave. Amasar ligeramente, luego estirar hasta obtener un grosor de aproximadamente 1 cm y cortar en rodajas de 5 cm/2 con un cortador de galletas. Coloque los bollos (galletas) en una bandeja para hornear (galletas) engrasada y unte la parte superior con leche. Hornee en un horno precalentado a 220 °C/425 °F/termostato 7 durante 10 minutos hasta que suba y se dore.

Bollos de salami y queso

Para 4 personas

50 g/2 oz/¼ taza de mantequilla o margarina

225 g / 8 oz / 2 tazas de harina con levadura

Una pizca de sal

50 g de salami, en rodajas

75 g/3 oz/¾ taza de queso cheddar, rallado

75 ml/5 cucharadas de leche

Frote la mantequilla o margarina con la harina y la sal hasta que la mezcla parezca pan rallado. Agregue el salami y el queso, luego agregue la leche y mezcle hasta obtener una masa suave. Forme una ronda de 20 cm/8 pulgadas y aplánela ligeramente. Coloque los bollos (galletas) en una bandeja para hornear (galletas) engrasada y hornee en un horno precalentado a 220°C/425°F/termostato de gas 7 durante 15 minutos hasta que estén dorados.

Bollos Integrales

Hace 12

175 g/6 oz/1½ tazas de harina integral (integral)

50 g/2 oz/½ taza de harina común (para todo uso)

15 ml/1 cucharada de levadura en polvo

Una pizca de sal

50 g/2 oz/¼ taza de mantequilla o margarina

50 g/2 oz/¼ taza de azúcar (superfina)

150 ml/¼ pt/2/3 taza de leche

Mezcle la harina, el polvo para hornear y la sal. Frote la mantequilla o margarina hasta que la mezcla parezca pan rallado. Agrega el azúcar. Incorpora poco a poco la leche hasta formar una masa suave. Amasar ligeramente, luego extenderla hasta que tenga un grosor de aproximadamente 1 cm y cortarla en rodajas de 5 cm/2 con un cortador de galletas. Coloque los bollos (galletas) en una bandeja para hornear (galletas) engrasada y hornee en un horno precalentado a 230°C/450°F/termostato de gas 8 durante unos 15 minutos hasta que suban y se doren. Servir caliente.

Conkies de Barbados

Hace 12

350 g/12 oz de calabaza rallada

225 g/8 oz de camote rallado

1 coco grande, rallado o 225 g/8 oz 2 tazas de coco seco (rallado)

350 g/12 oz/1½ tazas de azúcar moreno suave

5 ml/1 cucharadita de especias molidas mixtas (tarta de manzana)

5 ml/1 cucharadita de nuez moscada rallada

5 ml/1 cucharadita de sal

5 ml/1 cucharadita de esencia de almendras (extracto)

100 g/4 oz/2/3 taza de pasas

350 g/12 oz/3 tazas de harina de maíz

100 g / 4 oz / 1 taza de harina con levadura (autoleudante)

175 g/6 oz/¾ taza de mantequilla o margarina, derretida

300 ml/½ pt/1¼ tazas de leche

Mezclar la calabaza, el boniato y el coco. Agrega el azúcar, las especias, la sal y la esencia de almendras. Agrega las pasas, la harina de maíz y la harina y mezcla bien. Mezclar la mantequilla o margarina derretida con la leche e incorporar a los ingredientes secos hasta que todo esté bien mezclado. Coloque unos 60 ml/4 cucharadas de la mezcla en un trozo cuadrado de papel de aluminio, teniendo cuidado de no abarrotarlo. Dobla el papel de aluminio formando un paquete de modo que quede bien envuelto y no se vea ninguna mezcla. Repita con la mezcla restante. Cocine los conkies al vapor sobre una rejilla sobre una cacerola con agua hirviendo durante aproximadamente 1 hora hasta que estén firmes y cocidos. Servir caliente o frío.

Galletas navideñas fritas

Hace 40

50 g/2 oz/¼ taza de mantequilla o margarina

100 g / 4 oz / 1 taza de harina común (para todo uso)

2,5 ml/½ cucharadita de cardamomo molido

25 g/1 oz/2 cucharadas de azúcar en polvo (superfina)

15 ml/1 cucharada de nata doble (espesa)

5 ml/1 cucharadita de coñac

1 huevo pequeño, batido

Aceite para freír

Azúcar glas (repostería) para espolvorear

Frote la mantequilla o margarina con la harina y el cardamomo hasta que la mezcla parezca pan rallado. Agregue el azúcar, luego agregue la crema, el brandy y suficiente huevo para hacer una mezcla bastante espesa. Tapar y dejar reposar en un lugar fresco durante 1 hora.

Estirar sobre una superficie ligeramente enharinada hasta obtener un grosor de 5 mm y cortar con un cortador de masa en tiras de 10 x 2,5 cm/4 x 1. Con un cuchillo afilado, haga una hendidura en el centro de cada tira. Pasa un extremo de la tira a través de la hendidura para crear un medio lazo. Freír las galletas (galletas) en tandas en aceite caliente durante unos 4 minutos hasta que estén doradas e infladas. Escurrir sobre papel de cocina (toallas de papel) y servir espolvoreados con azúcar glas.

Tortas De Harina De Maíz

Hace 12

100 g / 4 oz / 1 taza de harina con levadura (autoleudante)

100 g / 4 oz / 1 taza de harina de maíz

5 ml/1 cucharadita de levadura en polvo

15 g/½ oz/1 cucharada de azúcar en polvo (superfina)

2 huevos

375 ml/13 fl oz/1½ tazas de leche

60 ml/4 cucharadas de aceite

Aceite para freír

Mezcle los ingredientes secos y haga un hueco en el centro. Batir los huevos, la leche y el aceite medido, luego incorporar los ingredientes secos. Calentar un poco de aceite en una sartén grande (sartén) y freír (saltear) 60 ml/4 cucharadas de masa hasta que aparezcan burbujas en la parte superior. Dar la vuelta y freír el otro lado hasta que se dore. Retirar de la sartén y mantener caliente mientras continúa con la masa restante. Servir caliente.

bollos

Hace 8

15 g/½ oz de levadura fresca o 20 ml/4 cucharaditas de levadura seca

5 ml/1 cucharadita de azúcar en polvo (superfina)

300 ml/½ pt/1¼ tazas de leche

1 huevo

250 g/9 oz/2¼ tazas de harina común (para todo uso)

5 ml/1 cucharadita de sal

Aceite para frotar

Mezclar la levadura y el azúcar con un poco de leche hasta formar una pasta y luego mezclar con el resto de la leche y el huevo. Agrega el líquido a la harina y la sal y mezcla hasta obtener una masa espesa y cremosa. Tapar y dejar reposar en un lugar cálido durante 30 minutos hasta que duplique su tamaño. Calentar una sartén grill o sartén pesada (sartén) y engrasarla ligeramente. Coloque 7,5 cm/3 en aros para hornear en la bandeja para hornear. (Si no tiene aros para hornear, corte con cuidado la parte superior e inferior de una lata pequeña). Vierta tazas de la mezcla en los aros y cocine hasta que el fondo se dore y la parte superior sin semillas, aproximadamente 5 minutos. Repita con la mezcla restante. Servir asado.

donas

Hace 16

300 ml/½ pt/1¼ tazas de leche tibia

15 ml/1 cucharada de levadura seca

175 g/6 oz/¾ taza de azúcar (superfina)

450 g/1 lb/4 tazas de harina fuerte y común (para pan)

5 ml/1 cucharadita de sal

50 g/2 oz/¼ taza de mantequilla o margarina

1 huevo batido

Aceite para freír

5 ml/1 cucharadita de canela molida

Mezclar la leche tibia, la levadura, 5 ml/1 cucharadita de azúcar y 100 g de harina. Deje reposar en un lugar cálido durante 20 minutos hasta que esté espumoso. Mezcle el resto de la harina, 50 g de azúcar y sal en un bol y agregue la mantequilla o margarina hasta que la mezcla parezca pan rallado. Incorpora la mezcla de huevo y levadura y amasa bien hasta obtener una masa suave. Tapar y dejar reposar en un lugar cálido durante 1 hora. Amasar nuevamente y extender hasta obtener un espesor de 2 cm. Cortar en aros con un cortador de 8 cm/3 pulgadas y cortar los centros con un cortador de 4 cm/1½ pulgadas.

Colocar en una bandeja para horno engrasada (galletas) y dejar reposar durante 20 minutos. Calienta el aceite hasta que casi humee y luego fríe las rosquillas durante unos minutos hasta que estén doradas. Escurrir bien. Coloca el resto del azúcar y la canela en una bolsa y agita las donas dentro de la bolsa hasta que queden bien cubiertas.

Donuts De Patata

Hace 24

15 ml/1 cucharada de levadura seca

60 ml/4 cucharadas de agua tibia

25 g/1 oz/2 cucharadas de azúcar en polvo (superfina)

25 g/1 oz/2 cucharadas de manteca de cerdo (manteca vegetal)

1,5 ml/¼ cucharadita de sal

75 g/3 oz/1/3 taza de puré de papa

1 huevo batido

120 ml/4 fl oz/½ taza de leche, hervida

300 g/10 oz/2½ tazas de harina fuerte y común (para pan)

Aceite para freír

Azúcar granulada para espolvorear

Disolver la levadura en el agua tibia con una cucharadita de azúcar y dejar que espume. Mezclar la manteca, el azúcar restante y la sal. Agregue la papa, la mezcla de levadura, el huevo y la leche, agregue gradualmente la harina y mezcle hasta obtener una masa suave. Colocar sobre una superficie enharinada y amasar bien. Colocar en un bol engrasado, cubrir con film transparente (film transparente) y dejar en un lugar cálido durante aproximadamente 1 hora hasta que duplique su volumen.

Amasar nuevamente y extender hasta obtener un espesor de 1 cm. Córtelo en aros con un cortador de 8 cm/3 pulgadas, luego corte los centros con un cortador de 4 cm/1½ pulgadas para hacer formas de rosquilla. Deje crecer hasta que doble. Calentar el aceite y freír los donuts hasta que estén dorados. Espolvorear con azúcar y dejar enfriar.

Pan naan

Hace 6

2,5 ml/½ cucharadita de levadura seca

60 ml/4 cucharadas de agua tibia

350 g/12 oz/3 tazas de harina para todo uso

10 ml/2 cucharaditas de levadura en polvo

Una pizca de sal

150 ml/¼ pt/2/3 taza de yogur

Mantequilla derretida para cepillar

Mezclar la levadura y el agua tibia y dejar reposar en un lugar cálido durante 10 minutos hasta que esté espumoso. Mezclar la mezcla de levadura con la harina, el polvo para hornear y la sal y procesar el yogur hasta obtener una masa suave. Amasar hasta que ya no esté pegajoso. Colocar en un bol engrasado, tapar y dejar reposar durante 8 horas.

Divida la masa en seis trozos y enrolle formando óvalos de unos 5 mm de grosor. Coloque en una bandeja para hornear engrasada (galletas) y unte con mantequilla derretida. Ase (asar) bajo una parrilla mediana (parrilla) durante aproximadamente 5 minutos hasta que esté ligeramente hinchado, luego dé vuelta y unte el otro lado con mantequilla y ase durante 3 minutos más hasta que esté ligeramente dorado.

Bannocks de avena

Hace 4

100 g/4 oz/1 taza de avena mediana

2,5 ml/½ cucharadita de sal

Una pizca de bicarbonato de sodio (bicarbonato de sodio)

10 ml/2 cucharaditas de aceite

60 ml/4 cucharaditas de agua caliente

Mezclar los ingredientes secos en un bol y hacer un hueco en el centro. Agregue el aceite y suficiente agua para hacer una masa firme. Colóquelo sobre una superficie ligeramente enharinada y amase hasta que quede suave. Estirar hasta que tenga unos 5 mm/¼ de grosor, limpiar los bordes y cortar en cuartos. Calienta una sartén para parrilla o una sartén de base pesada (sartén) y fríe (saltea) los bannocks durante unos 20 minutos hasta que las esquinas comiencen a curvarse. Voltear y cocinar el otro lado por 6 minutos.

Lucios

Hace 8

10 ml/2 cucharadita de levadura fresca o 5 ml/1 cucharadita de levadura seca

5 ml/1 cucharadita de azúcar en polvo (superfina)

300 ml/½ pt/1¼ tazas de leche

1 huevo

225 g/8 oz/2 tazas de harina común (para todo uso)

5 ml/1 cucharadita de sal

Aceite para frotar

Mezclar la levadura y el azúcar con un poco de leche hasta formar una pasta y luego mezclar con el resto de la leche y el huevo. Agrega el líquido a la harina y la sal y mezcla hasta obtener una masa fina. Tapar y dejar reposar en un lugar cálido durante 30 minutos hasta que duplique su tamaño. Calentar una sartén grill o sartén pesada (sartén) y engrasarla ligeramente. Vierta tazas de la mezcla en la bandeja para hornear y cocine durante unos 3 minutos hasta que el fondo esté dorado, luego voltee y cocine durante unos 2 minutos por el otro lado. Repita con la mezcla restante.

Bollos fáciles de llevar

Hace 15

100 g / 4 oz / 1 taza de harina con levadura (autoleudante)

Una pizca de sal

15 ml/1 cucharada de azúcar en polvo (superfina)

1 huevo

150 ml/¼ pt/2/3 taza de leche

Aceite para frotar

Mezclar la harina, la sal y el azúcar y hacer un hueco en el centro. Deje caer el huevo y agregue gradualmente el huevo y la leche hasta obtener una masa suave. Calentar una sartén grande (sartén) y engrasarla ligeramente. Cuando esté caliente, echamos cucharadas de masa en el molde para que formen círculos. Hornee durante unos 3 minutos hasta que los bollos (galletas) estén inflados y dorados en la parte inferior, luego déles la vuelta y dórelos por el otro lado. Servir caliente o tibio.

Bollos de regaliz de arce

Hace 30

200 g / 7 oz / 1¾ tazas de harina con levadura

25 g/1 oz/¼ taza de harina de arroz

10 ml/2 cucharaditas de levadura en polvo

25 g/1 oz/2 cucharadas de azúcar en polvo (superfina)

Una pizca de sal

15 ml/1 cucharada de sirope de arce

1 huevo batido

200 ml/7 fl oz/escaneo 1 taza de leche

aceite de girasol

50 g/2 oz/¼ taza de mantequilla o margarina, ablandada

15 ml/1 cucharada de nueces finamente picadas

Mezclar la harina, el polvo para hornear, el azúcar y la sal y hacer un hueco en el centro. Agrega el sirope de arce, el huevo y la mitad de la leche y bate hasta que quede suave. Agregue la leche restante para formar una masa espesa. Calentar un poco de aceite en una sartén (sartén) y escurrir el exceso. Vierta cucharadas de la masa en la sartén y fría (saltee) hasta que el fondo esté dorado. Voltear y freír los otros lados. Retirar de la sartén y mantener caliente mientras hornea los bollos restantes. Triture la mantequilla o margarina con las nueces y cubra los bollos calientes con la mantequilla aromatizada para servir.

Bollos a la plancha

Hace 12

225 g/8 oz/2 tazas de harina común (para todo uso)

5 ml/1 cucharadita de bicarbonato (bicarbonato de sodio)

10 ml/2 cucharaditas de cremor tártaro

2,5 ml/½ cucharadita de sal

25 g/2 cucharadas de manteca de cerdo (manteca vegetal) o mantequilla

25 g/1 oz/2 cucharadas de azúcar en polvo (superfina)

150 ml/¼ pt/2/3 taza de leche

Aceite para frotar

Mezcle la harina, la soda, el crémor tártaro y la sal. Frote la manteca o la mantequilla y luego agregue el azúcar. Incorpora poco a poco la leche hasta tener una masa suave. Cortar la masa por la mitad y amasar y darles forma circular plana de aproximadamente 1 cm de grosor. Corta cada ronda en seis. Calienta una sartén para grill o una sartén grande (sartén) y engrasa ligeramente. Cuando los bollos (galletas) estén calientes, colóquelos en la sartén y cocínelos durante unos 5 minutos hasta que estén dorados en el fondo, luego déles la vuelta y cocine por el otro lado. Dejar enfriar sobre una rejilla.

Bollos para hornear con queso

Hace 12

25 g/2 cucharadas de mantequilla o margarina, blanda

100 g/4 oz/½ taza de requesón

5 ml/1 cucharadita de cebollino recién picado

2 huevos batidos

40 g/1½ oz/1/3 taza de harina común (para todo uso)

15 g/½ oz/2 cucharadas de harina de arroz

5 ml/1 cucharadita de levadura en polvo

15 ml/1 cucharada de leche

Aceite para frotar

Batir todos los ingredientes excepto el aceite hasta obtener una masa espesa. Calentar un poco de aceite en una sartén (sartén) y escurrir el exceso de aceite. Freír (saltear) cucharadas de la mezcla hasta que el fondo esté dorado. Voltee los bollos (galletas) y hornee por el otro lado. Retirar de la sartén y mantener caliente mientras hornea los bollos restantes.

Panqueques escoceses especiales

Hace 12

100 g / 4 oz / 1 taza de harina común (para todo uso)

10 ml/2 cucharaditas de azúcar en polvo (superfina)

5 ml/1 cucharadita de crémor tártaro

2,5 ml/½ cucharadita de sal

2,5 ml/½ cucharadita de bicarbonato (bicarbonato de sodio)

1 huevo

5 ml/1 cucharadita de almíbar dorado (maíz claro)

120 ml/4 fl oz/½ taza de leche tibia

Aceite para frotar

Mezcle los ingredientes secos y haga un hueco en el centro. Batir el huevo con el almíbar y la leche y mezclarlo con la mezcla de harina hasta obtener una masa muy espesa. Tapar y dejar reposar durante unos 15 minutos hasta que la mezcla empiece a burbujear. Calienta una plancha grande o una sartén de base pesada (sartén) y engrasa ligeramente. Deje caer cucharadas pequeñas de la masa en la bandeja para hornear y cocine un lado durante aproximadamente 3 minutos hasta que la parte inferior esté dorada, luego voltee y cocine el otro lado durante aproximadamente 2 minutos. Envuelve los panqueques en un paño de cocina tibio (un paño de cocina) mientras cocinas la masa restante. Sirva fresco y untado con mantequilla, asado o al horno (frito).

Panqueques escoceses de frutas

Hace 12

100 g / 4 oz / 1 taza de harina común (para todo uso)

10 ml/2 cucharaditas de azúcar en polvo (superfina)

5 ml/1 cucharadita de crémor tártaro

2,5 ml/½ cucharadita de sal

2,5 ml/½ cucharadita de bicarbonato (bicarbonato de sodio)

100 g/4 oz/2/3 taza de pasas

1 huevo

5 ml/1 cucharadita de almíbar dorado (maíz claro)

120 ml/4 fl oz/½ taza de leche tibia

Aceite para frotar

Mezcle los ingredientes secos y las pasas y haga un hueco en el centro. Batir el huevo con el almíbar y la leche y mezclarlo con la mezcla de harina hasta obtener una masa muy espesa. Tapar y dejar reposar durante unos 15 minutos hasta que la mezcla empiece a burbujear. Calienta una plancha grande o una sartén de base pesada (sartén) y engrasa ligeramente. Deje caer cucharadas pequeñas de la masa en la bandeja para hornear y cocine un lado durante aproximadamente 3 minutos hasta que la parte inferior esté dorada, luego voltee y cocine el otro lado durante aproximadamente 2 minutos. Envuelve los panqueques en un paño de cocina tibio (un paño de cocina) mientras fríes el resto. Sirva fresco y untado con mantequilla, asado o al horno (frito).

Panqueques escoceses de naranja

Hace 12

100 g / 4 oz / 1 taza de harina común (para todo uso)

10 ml/2 cucharaditas de azúcar en polvo (superfina)

5 ml/1 cucharadita de crémor tártaro

2,5 ml/½ cucharadita de sal

2,5 ml/½ cucharadita de bicarbonato (bicarbonato de sodio)

10 ml/2 cucharaditas de piel de naranja rallada

1 huevo

5 ml/1 cucharadita de almíbar dorado (maíz claro)

120 ml/4 fl oz/½ taza de leche tibia

Unas gotas de esencia de naranja (extracto)

Aceite para frotar

Mezclar los ingredientes secos y la ralladura de naranja y hacer un hueco en el centro. Batir el huevo con el almíbar, la leche y la esencia de naranja y mezclar esto con la mezcla de harina hasta obtener una masa muy espesa. Tapar y dejar reposar durante unos 15 minutos hasta que la mezcla empiece a burbujear. Calienta una plancha grande o una sartén de base pesada (sartén) y engrasa ligeramente. Deje caer cucharadas pequeñas de la masa en la bandeja para hornear y cocine un lado durante aproximadamente 3 minutos hasta que la parte inferior esté dorada, luego voltee y cocine el otro lado durante aproximadamente 2 minutos. Envuelve los panqueques en un paño de cocina tibio (un paño de cocina) mientras fríes el resto. Sirva fresco y untado con mantequilla, asado o al horno (frito).

Hinny cantando

Hace 12

225 g/8 oz/2 tazas de harina común (para todo uso)

2,5 ml/½ cucharadita de sal

2,5 ml/½ cucharadita de levadura en polvo

50 g/2 oz/¼ taza de manteca de cerdo (manteca vegetal)

50 g/2 oz/¼ taza de mantequilla o margarina

100 g/4 oz/2/3 taza de grosellas

120 ml/4 fl oz/½ taza de leche

Aceite para frotar

Mezcle los ingredientes secos, luego agregue la manteca de cerdo y la mantequilla o margarina hasta que la mezcla parezca pan rallado. Agrega las grosellas y haz un hueco en el centro. Agregue suficiente leche para hacer una masa firme. Estirar sobre una superficie ligeramente enharinada hasta obtener un grosor de aproximadamente 1 cm y pinchar la parte superior con un tenedor. Calentar una sartén grill o sartén de base pesada (sartén) y engrasarla ligeramente. Hornea el pastel durante unos 5 minutos hasta que la parte inferior esté dorada, luego dale la vuelta y cocina el otro lado durante unos 4 minutos. Sirva dividido y untado con mantequilla.

Tartas galesas

Para 4 personas

225 g/8 oz/2 tazas de harina común (para todo uso)

5 ml/1 cucharadita de levadura en polvo

2,5 ml/½ cucharadita de especias molidas mixtas (tarta de manzana)

50 g/2 oz/¼ taza de mantequilla o margarina

50 g/2 oz/¼ taza de manteca de cerdo (manteca vegetal)

75 g/3 oz/1/3 taza de azúcar en polvo (superfina)

50 g/2 oz/1/3 taza de grosellas

1 huevo batido

30–45 ml/2–3 cucharadas de leche

Mezcle la harina, el polvo para hornear y las hierbas mixtas en un bol. Frote la mantequilla o margarina y la manteca de cerdo hasta que la mezcla parezca pan rallado. Agregue el azúcar y las grosellas. Agrega el huevo y suficiente leche para hacer una masa firme. Estirar sobre una tabla enharinada hasta obtener un grosor de 5 mm y cortar en 3 círculos de 7,5 cm. Cocine en una bandeja para hornear engrasada durante unos 4 minutos por cada lado hasta que se doren.

Panqueques galeses

Hace 12

175 g/6 oz/1½ tazas de harina para todo uso

2,5 ml/½ cucharadita de crémor tártaro

2,5 ml/½ cucharadita de bicarbonato (bicarbonato de sodio)

50 g/2 oz/¼ taza de azúcar (superfina)

25 g/2 cucharadas de mantequilla o margarina

1 huevo batido

120 ml/4 fl oz/½ taza de leche

2,5 ml/½ cucharadita de vinagre

Aceite para frotar

Mezcle los ingredientes secos y agregue el azúcar. Frote la mantequilla o margarina y haga un hueco en el centro. Mezcle el huevo y la cantidad suficiente de leche para hacer una masa fina. Agrega el vinagre. Calentar una sartén grill o sartén de base pesada (sartén) y engrasarla ligeramente. Eche cucharadas grandes de masa en la sartén y fría (saltee) durante unos 3 minutos hasta que se doren en el fondo. Voltee y cocine el otro lado durante unos 2 minutos. Sirva caliente y untado con mantequilla.

Pan de maíz sazonado mexicano

Rinde 8 rollos

225 g / 8 oz / 2 tazas de harina con levadura

5 ml/1 cucharadita de chile en polvo

2,5 ml/½ cucharadita de bicarbonato (bicarbonato de sodio)

200 g/7 oz/1 lata pequeña de crema de maíz dulce (maíz)

15 ml/1 cucharada de pasta de curry

250 ml/8 fl oz/1 taza de yogur

Aceite para freír

Mezclar la harina, el chile en polvo y el bicarbonato de sodio. Agregue los ingredientes restantes excepto el aceite y mezcle hasta obtener una masa suave. Colóquelo sobre una superficie ligeramente enharinada y amase suavemente hasta que quede suave. Cortar en ocho trozos y darle palmaditas a cada uno en una ronda de 13 cm/5. Calentar el aceite en una sartén de base pesada (sartén) y freír (saltear) el pan de maíz durante 2 minutos por cada lado hasta que se dore y esté ligeramente inflado.

pan plano sueco

Hace 4

225 g / 8 oz / 2 tazas de harina integral (integral)

225 g / 8 oz / 2 tazas de harina de centeno o cebada

5 ml/1 cucharadita de sal

Aproximadamente 250 ml/8 fl oz/1 taza de agua tibia

Aceite para frotar

Mezclar la harina y la sal en un bol, luego ir incorporando poco a poco el agua hasta obtener una masa firme. Dependiendo de la harina que uses, es posible que necesites un poco más o menos de agua. Batir bien hasta que la mezcla se desprenda de los lados del bol, luego colocar sobre una superficie ligeramente enharinada y amasar durante 5 minutos. Divida la masa en cuartos y extiéndala en círculos finos de 20 cm/8 pulgadas. Calentar una sartén grill o sartén grande (sartén) y engrasarla ligeramente. Hornee (saltee) uno o dos panes a la vez durante unos 15 minutos por cada lado hasta que estén dorados.

Pan de centeno y maíz dulce al vapor

Para un pan de 23 cm/9 pulgadas

175 g/6 oz/1½ tazas de harina de centeno

175 g/6 oz/1½ tazas de harina integral (integral)

100 g/4 oz/1 taza de avena

10 ml/2 cucharadita de bicarbonato (bicarbonato de sodio)

5 ml/1 cucharadita de sal

450 ml/¾ pt/2 tazas de leche

175 g/6 oz/½ taza de melaza negra (melaza)

10 ml/2 cucharaditas de jugo de limón

Mezclar la harina, la avena, el bicarbonato de sodio y la sal. Calienta la leche, el almíbar y el jugo de limón hasta que estén tibios y luego agrega los ingredientes secos. Vierta en un molde para pudín de 23 cm/9" engrasado y cubra con papel de aluminio arrugado. Colóquelo en una cacerola grande y llénelo con suficiente agua caliente hasta la mitad de los lados de la lata. Tape y cocine por 3 horas, agregando agua hirviendo si es necesario. Dejar reposar toda la noche antes de servir.

Pan de maíz dulce al vapor

Rinde dos panes de 450 g/1 libra

175 g/6 oz/1½ tazas de harina para todo uso

225 g/8 oz/2 tazas de harina de maíz

15 ml/1 cucharada de levadura en polvo

Una pizca de sal

3 huevos

45 ml/3 cucharadas de aceite

150 ml/¼ pt/2/3 taza de leche

300 g/11 oz de maíz dulce en lata, escurrido y hecho puré

Mezclar la harina, la harina de maíz, el polvo para hornear y la sal. Batir los huevos, el aceite y la leche y agregar los ingredientes secos con el maíz dulce. Vierta en dos moldes para pan (moldes) engrasados de 450 g/1 libra y colóquelos en una cacerola grande llena con suficiente agua hirviendo para llegar a la mitad de los lados de los moldes. Tape y cocine a fuego lento durante 2 horas, agregando agua hirviendo si es necesario. Deje enfriar en las latas antes de darles la vuelta y cortar.

Chapatis integrales

Hace 12

225 g / 8 oz / 2 tazas de harina integral (integral)

5 ml/1 cucharadita de sal

150 ml/¼ pt/2/3 taza de agua

Mezclar la harina y la sal en un bol, luego ir incorporando poco a poco el agua hasta obtener una masa firme. Dividir en 12 trozos y extender finamente sobre una superficie de trabajo enharinada. Engrase una sartén de fondo grueso (sartén) o plancha y fría (saltee) unos chapatis a la vez a fuego medio hasta que la parte inferior esté dorada. Dar la vuelta y freír el otro lado hasta que esté ligeramente dorado. Mantén el chapati caliente mientras fríes el resto. Sirva untado con mantequilla por un lado si lo desea.

Puris integrales

Hace 8

100 g / 4 oz / 1 taza de harina integral (integral)

100 g / 4 oz / 1 taza de harina común (para todo uso)

2,5 ml/½ cucharadita de sal

25 g/2 cucharadas de mantequilla o margarina derretida

150 ml/¼ pt/2/3 taza de agua

Aceite para freír

Mezclar la harina y la sal y hacer un hueco en el centro. Agrega la mantequilla o margarina. Agrega poco a poco el agua y mezcla hasta obtener una masa firme. Amasar durante 5-10 minutos, tapar con un paño húmedo y dejar reposar 15 minutos.

Divida la masa en ocho trozos y extienda cada masa hasta formar una masa fina de 13 cm/5 pulgadas. Calentar el aceite en una sartén grande de base pesada (sartén) y freír (saltear) los puris uno o dos a la vez hasta que se inflen y estén crujientes y dorados. Escurrir sobre papel de cocina (toallas de papel).

galletas de almendras

Hace 24

100 g/4 oz/½ taza de mantequilla o margarina, ablandada

50 g/2 oz/¼ taza de azúcar (superfina)

100 g / 4 oz / 1 taza de harina con levadura (autoleudante)

25 g/1 oz/¼ taza de almendras molidas

Unas gotas de esencia de almendras (extracto)

Batir la mantequilla o margarina y el azúcar hasta que esté suave y esponjosa. Agrega la harina, las almendras molidas y la esencia de almendras hasta que estén firmes. Forme bolas grandes del tamaño de una nuez y colóquelas bien separadas en una bandeja para hornear engrasada (galletas), luego presione ligeramente con un tenedor para aplanar. Hornea las galletas (galletas) en el horno precalentado a 180°C/350°F/termostato 4 durante 15 minutos hasta que estén doradas.

Rizos de almendra

Hace 30

100 g / 4 oz / 1 taza de almendras fileteadas (rebanadas)

100 g/4 oz/½ taza de mantequilla o margarina

100 g/4 oz/½ taza de azúcar (superfina)

30 ml/2 cucharadas de leche

15-30 ml/1-2 cucharadas de harina común

Colocar en una cacerola las almendras, la mantequilla o margarina, el azúcar y la leche con 15 ml/1 cucharada de harina. Caliente suavemente, revolviendo, hasta que se mezclen, agregando la harina restante si es necesario para mantener la mezcla unida. Coloque las cucharadas bien separadas en una bandeja para hornear engrasada y enharinada y hornee en el horno precalentado a 180°C/350°F/termostato 4 durante 8 minutos hasta que se dore ligeramente. Deje enfriar en la bandeja para hornear durante unos 30 segundos, luego forme rizos alrededor del mango de una cuchara de madera. Si se enfrían demasiado para darles forma, vuelve a meterlos en el horno durante unos segundos para recalentarlos antes de darle forma al resto.

Aros de almendras

Hace 24

100 g/4 oz/½ taza de mantequilla o margarina, ablandada

100 g/4 oz/½ taza de azúcar (superfina)

1 huevo, separado

225 g/8 oz/2 tazas de harina común (para todo uso)

5 ml/1 cucharadita de levadura en polvo

5 ml/1 cucharadita de piel de limón rallada

50 g/2 oz/½ taza de almendras fileteadas (rebanadas)

Azúcar en polvo (superfina) para espolvorear

Batir la mantequilla o margarina y el azúcar hasta que esté suave y esponjosa. Incorpora poco a poco la yema de huevo, luego incorpora la harina, la levadura en polvo y la ralladura de limón, terminando con las manos hasta que la mezcla espese. Estirar hasta un grosor de 5 mm y cortar en círculos de 6 cm con un cortador de galletas (galletas) y luego cortar los centros con un cortador de 2 cm. Coloca las galletas bien separadas en una bandeja para horno engrasada y pinchalas con un tenedor. Hornee en horno precalentado a 180 °C/350 °F/termostato de gas 4 durante 10 minutos. Pincelar con clara de huevo, espolvorear con almendras y azúcar y luego meter en el horno 5 minutos más hasta que esté ligeramente dorado.

Grietas en las amígdalas mediterráneas

Hace 24

2 huevos, separados

175 g/6 oz/1 taza de azúcar glas (repostería) tamizada

10 ml/2 cucharaditas de levadura en polvo

Ralladura de ½ limón

Unas gotas de esencia de vainilla (extracto)

400 g/14 oz/3½ tazas de almendras molidas

Batir las yemas y la clara con el azúcar hasta que estén pálidas y esponjosas. Incorpora todos los ingredientes restantes y mezcla hasta obtener una masa firme. Forme bolas del tamaño de una nuez y colóquelas en una bandeja para hornear engrasada (galletas) y presione suavemente para aplanar. Hornee en un horno precalentado a 180 °C/350 °F/termostato de gas 4 durante 15 minutos hasta que se doren y se agrieten en la superficie.

Galletas de almendras y chocolate

Hace 24

50 g/2 oz/¼ taza de mantequilla o margarina, ablandada

75 g/3 oz/1/3 taza de azúcar en polvo (superfina)

1 huevo pequeño, batido

100 g / 4 oz / 1 taza de harina común (para todo uso)

2,5 ml/½ cucharadita de levadura en polvo

25 g/1 oz/¼ taza de almendras molidas

25 g/1 oz/¼ taza de chocolate amargo (semidulce), rallado

Batir la mantequilla o margarina y el azúcar hasta que esté suave y esponjosa. Incorpora poco a poco el huevo y agrega los ingredientes restantes hasta que se forme una masa bastante firme. Si la mezcla está demasiado húmeda, agrega un poco más de harina. Envolver en film transparente (film transparente) y dejar enfriar durante 30 minutos.

Estirar la masa hasta darle forma de cilindro y cortarla en rodajas de 1 cm/½. Colocar, bien espaciadas, en una bandeja para hornear engrasada (galletas) y hornear en el horno precalentado a 190°C/375°F/termostato de gas 5 durante 10 minutos.

Galletas amish de frutas y nueces

Hace 24

100 g/4 oz/½ taza de mantequilla o margarina, ablandada

175 g/6 oz/¾ taza de azúcar (superfina)

1 huevo

75 ml/5 cucharadas de leche

75 g/3 oz/¼ taza de melaza negra (melaza)

250 g/9 oz/2¼ tazas de harina común (para todo uso)

10 ml/2 cucharaditas de levadura en polvo

15 ml/1 cucharada de canela molida

10 ml/2 cucharadita de bicarbonato (bicarbonato de sodio)

2,5 ml/½ cucharadita de nuez moscada rallada

50 g/2 oz/½ taza de avena mediana

50 g/2 oz/1/3 taza de pasas

25 g/1 oz/¼ taza de nueces mixtas picadas

Batir la mantequilla o margarina y el azúcar hasta que esté suave y esponjosa. Incorpora poco a poco el huevo, luego la leche y el almíbar. Incorpora los ingredientes restantes y amasa hasta obtener una masa firme. Agrega un poco más de leche si la mezcla está demasiado dura para funcionar, o un poco más de harina si está demasiado pegajosa; la textura depende de la harina que uses. Estirar la masa hasta que tenga un grosor de unos 5 mm y cortar círculos con un cortador de galletas. Colóquelas en una bandeja para hornear engrasada (galletas) y hornee en el horno precalentado a 180°C/350°F/termostato 4 durante 10 minutos hasta que estén doradas.

galletas de anis

Hace 16

175 g/6 oz/¾ taza de azúcar (superfina)

2 claras de huevo

1 huevo

100 g / 4 oz / 1 taza de harina común (para todo uso)

5 ml/1 cucharadita de anís molido

Batir el azúcar, la clara y el huevo durante 10 minutos. Incorpora poco a poco la harina y agrega el anís. Vierta la mezcla en un molde para pan de 450 g/1 libra y hornee en un horno precalentado a 180 °C/350 °F/termostato de gas 4 durante 35 minutos hasta que al insertar una brocheta en el centro, éste salga limpio. Retirar del molde y cortar en rodajas de 1cm/½. Coloca las galletas (cookies) de lado sobre una bandeja para hornear engrasada (cookies) y regresa al horno por otros 10 minutos, dándoles vuelta a la mitad.

Galletas de Plátano, Avena y Jugo de Naranja

Hace 24

100 g/4 oz/½ taza de mantequilla o margarina, ablandada

100 g de plátanos maduros, triturados

120 ml/4 fl oz/½ taza de jugo de naranja

4 claras de huevo, ligeramente batidas

10 ml/2 cucharaditas de esencia de vainilla (extracto)

5 ml/1 cucharadita de piel de naranja finamente rallada

225 g/8 oz/2 tazas de avena

225 g/8 oz/2 tazas de harina común (para todo uso)

5 ml/1 cucharadita de bicarbonato (bicarbonato de sodio)

5 ml/1 cucharadita de nuez moscada rallada

Una pizca de sal

Batir la mantequilla o la margarina hasta que esté suave, luego agregar los plátanos y el jugo de naranja. Mezcle las claras de huevo, la esencia de vainilla y la piel de naranja y agregue la mezcla de plátano, seguido del resto de los ingredientes. Coloque cucharadas en bandejas para hornear y hornee en un horno precalentado a 180 °C/350 °F/termostato 4 durante 20 minutos hasta que se doren.

Galletas Básicas

Hace 40

100 g/4 oz/½ taza de mantequilla o margarina, ablandada

100 g/4 oz/½ taza de azúcar (superfina)

1 huevo batido

5 ml/1 cucharadita de esencia de vainilla (extracto)

225 g/8 oz/2 tazas de harina común (para todo uso)

Batir la mantequilla o margarina y el azúcar hasta que esté suave y esponjosa. Incorpora poco a poco el huevo y la esencia de vainilla, luego incorpora la harina y amasa hasta obtener una masa suave. Forme una bola, envuélvala en film transparente (film plástico) y déjela enfriar durante 1 hora.

Estirar la masa hasta que tenga un grosor de 5 mm y cortar círculos con un cortador de galletas. Colóquelos en una bandeja para hornear engrasada y hornee en el horno precalentado a 200 °C/400 °F/termostato 6 durante 10 minutos hasta que se doren. Deje enfriar en la bandeja durante 5 minutos antes de transferirlo a una rejilla para que se enfríe.

Galletas crujientes de salvado

Hace 16

100 g / 4 oz / 1 taza de harina integral (integral)

100 g/4 oz/½ taza de azúcar moreno suave

25 g/1 oz/¼ taza de avena

25 g/1 oz/½ taza de salvado

5 ml/1 cucharadita de bicarbonato (bicarbonato de sodio)

5 ml/1 cucharadita de jengibre en polvo

100 g/4 oz/½ taza de mantequilla o margarina

15 ml/1 cucharada de almíbar dorado (maíz claro)

15 ml/1 cucharada de leche

Mezclar los ingredientes secos. Derrite la mantequilla con el almíbar y la leche y luego mézclala con los ingredientes secos hasta formar una masa firme. Coloque cucharadas de la mezcla de galletas en una bandeja para hornear engrasada y hornee en el horno precalentado a 160°C/325°F/termostato 3 durante 15 minutos hasta que se doren.

Galletas De Salvado De Sésamo

Hace 12

225 g / 8 oz / 2 tazas de harina integral (integral)

5 ml/1 cucharadita de levadura en polvo

25 g/1 oz/½ taza de salvado

Una pizca de sal

50 g/2 oz/¼ taza de mantequilla o margarina

45 ml/3 cucharadas de azúcar moreno blando

45 ml/3 cucharadas de pasas pasas (pasas doradas)

1 huevo, ligeramente batido

120 ml/4 fl oz/½ taza de leche

45 ml/3 cucharadas de semillas de sésamo

Mezcle la harina, el polvo para hornear, el salvado y la sal y frote con la mantequilla o margarina hasta que la mezcla parezca pan rallado. Agregue el azúcar y las pasas y mezcle el huevo y suficiente leche para formar una masa suave pero no pegajosa. Estirar hasta que tenga un grosor de 1 cm y cortar círculos con un cortador de galletas. Colóquelo en una bandeja para hornear engrasada, unte con leche y espolvoree con semillas de sésamo. Hornee en el horno precalentado a 220 °C/425 °F/termostato 7 durante 10 minutos hasta que se doren.

Galletas al brandy con alcaravea

Hace 30

25 g/2 cucharadas de mantequilla o margarina, blanda

75 g/3 oz/1/3 taza de azúcar moreno suave

huevo

10 ml/2 cucharaditas de coñac

175 g/6 oz/1½ tazas de harina para todo uso

10 ml/2 cucharadita de semillas de alcaravea

5 ml/1 cucharadita de levadura en polvo

Una pizca de sal

Batir la mantequilla o margarina y el azúcar hasta que esté suave y esponjosa. Agregue gradualmente el huevo y el coñac, luego agregue los ingredientes restantes y mezcle hasta obtener una masa firme. Envolver en film transparente (film transparente) y dejar enfriar durante 30 minutos.

Extienda la masa sobre una superficie ligeramente enharinada hasta obtener un grosor de unos 3 mm y corte círculos con un cortador de galletas. Coloque las galletas en una bandeja para hornear engrasada y hornee en el horno precalentado a 200°C/400°F/termostato 6 durante 10 minutos.

Brandy Snaps

Hace 30

100 g/4 oz/½ taza de mantequilla o margarina

100 g / 4 oz / 1/3 taza de almíbar dorado (maíz claro)

100 g/4 oz/½ taza de azúcar demerara

100 g / 4 oz / 1 taza de harina común (para todo uso)

5 ml/1 cucharadita de jengibre en polvo

5 ml/1 cucharadita de jugo de limón

Derretir la mantequilla o margarina, el almíbar y el azúcar en una sartén. Deje que se enfríe un poco, luego agregue la harina y el jengibre, seguidos del jugo de limón. Coloque cucharaditas de la mezcla a una distancia de 10 cm/4 pulgadas en bandejas para hornear engrasadas y hornee en un horno precalentado a 180 °C/350 °F/termostato 4 durante 8 minutos hasta que se doren. Deje enfriar por un minuto, luego levante la bandeja para hornear con una rebanada y enrolle alrededor del mango engrasado de una cuchara de madera. Retira el mango de la cuchara y déjala enfriar sobre una rejilla. Si las brochetas se endurecen demasiado antes de darles forma, colóquelas nuevamente en el horno durante un minuto para que se calienten y ablanden.

Galletas de mantequilla

Hace 24

100 g/4 oz/½ taza de mantequilla o margarina, ablandada

50 g/2 oz/¼ taza de azúcar (superfina)

Ralladura de 1 limón

150 g/5 oz/1¼ tazas de harina con levadura

Batir la mantequilla o margarina y el azúcar hasta que esté suave y esponjosa. Incorpora la ralladura de limón, luego mezcla la harina hasta que esté firme. Forme bolas grandes del tamaño de una nuez y colóquelas bien separadas en una bandeja para hornear engrasada (galletas), luego presione ligeramente con un tenedor para aplanar. Hornea las galletas (galletas) en el horno precalentado a 180°C/350°F/termostato 4 durante 15 minutos hasta que estén doradas.

Galletas de mantequilla

Hace 40

100 g/4 oz/½ taza de mantequilla o margarina, ablandada

100 g/4 oz/½ taza de azúcar moreno suave y oscuro

1 huevo batido

1,5 ml/¼ cucharadita de esencia de vainilla (extracto)

225 g/8 oz/2 tazas de harina común (para todo uso)

7,5 ml/1½ cucharadita de levadura en polvo

Una pizca de sal

Batir la mantequilla o margarina y el azúcar hasta que esté suave y esponjosa. Incorpora poco a poco el huevo y la esencia de vainilla. Incorpora la harina, el polvo para hornear y la sal. Forme la masa en tres rollos de aproximadamente 5 cm/2 de diámetro, envuélvalos en film transparente (film plástico) y enfríe durante 4 horas o toda la noche.

Cortar en rodajas de 3 mm/1/8 de grosor y colocarlas en bandejas para hornear sin engrasar. Hornee las galletas (galletas) en el horno precalentado a 190 °C/375 °F/termostato 5 durante 10 minutos hasta que estén ligeramente doradas.

Alfajores

Hace 30

50 g/2 oz/¼ taza de mantequilla o margarina, ablandada

50 g/2 oz/¼ taza de manteca de cerdo (manteca vegetal)

225 g/8 oz/1 taza de azúcar moreno suave

1 huevo, ligeramente batido

175 g/6 oz/1½ tazas de harina para todo uso

1,5 ml/¼ cucharadita de bicarbonato (bicarbonato de sodio)

1,5 ml/¼ cucharadita de crémor tártaro

Una pizca de nuez moscada rallada

10 ml/2 cucharaditas de agua

2,5 ml/½ cucharadita de esencia de vainilla (extracto)

Batir la mantequilla o margarina, la manteca de cerdo y el azúcar hasta que esté suave y esponjosa. Incorpora poco a poco el huevo. Incorpora la harina, la soda, el crémor tártaro y la nuez moscada, agrega el agua y la esencia de vainilla y mezcla hasta obtener una masa suave. Enrolle en forma de salchicha, envuélvala en film transparente (film plástico) y refrigere durante al menos 30 minutos, preferiblemente más.

Cortar la masa en rodajas de 1 cm/½ y colocarlas en una bandeja para horno engrasada (galletas). Hornea las galletas (galletas) en el horno precalentado a 180°C/350°F/termostato 4 durante 10 minutos hasta que estén doradas.

Galletas de zanahoria y nueces

Hace 48

175 g/6 oz/¾ taza de mantequilla o margarina, ablandada

100 g/4 oz/½ taza de azúcar moreno suave

50 g/2 oz/¼ taza de azúcar (superfina)

1 huevo, ligeramente batido

225 g/8 oz/2 tazas de harina común (para todo uso)

5 ml/1 cucharadita de levadura en polvo

2,5 ml/½ cucharadita de sal

100 g/4 oz/½ taza de puré de zanahorias cocidas

100 g / 4 oz / 1 taza de nueces picadas

Batir la mantequilla o margarina y el azúcar hasta que esté suave y esponjosa. Incorpora poco a poco el huevo y luego incorpora la harina, el polvo para hornear y la sal. Incorpora el puré de zanahorias y nueces. Coloque cucharadas pequeñas en una bandeja para hornear engrasada y hornee en el horno precalentado a 200 °C/400 °F/termostato 6 durante 10 minutos.

Galletas de zanahoria y nueces con helado de naranja

Hace 48

Para las galletas (galletas):

175 g/6 oz/¾ taza de mantequilla o margarina, ablandada

100 g/4 oz/½ taza de azúcar (superfina)

50 g/2 oz/¼ taza de azúcar moreno suave

1 huevo, ligeramente batido

225 g/8 oz/2 tazas de harina común (para todo uso)

5 ml/1 cucharadita de levadura en polvo

2,5 ml/½ cucharadita de sal

5 ml/1 cucharadita de esencia de vainilla (extracto)

100 g/taza de zanahorias cocidas trituradas

100 g / 4 oz / 1 taza de nueces picadas

Para el glaseado (glaseado):

175 g/6 oz/1 taza de azúcar glas (repostería) tamizada

10 ml/2 cucharaditas de piel de naranja rallada

30 ml/2 cucharadas de zumo de naranja

Para las galletas, bate la mantequilla o margarina y los azúcares hasta que estén suaves y esponjosas. Incorpora poco a poco el huevo y luego incorpora la harina, el polvo para hornear y la sal. Incorpora la esencia de vainilla, el puré de zanahoria y las nueces. Coloque cucharadas pequeñas en una bandeja para hornear engrasada y hornee en el horno precalentado a 200 °C/400 °F/termostato 6 durante 10 minutos.

Para hacer el glaseado, coloca el azúcar glas en un bol, agrega la ralladura de naranja y haz un hueco en el centro. Agregue el jugo de naranja poco a poco hasta obtener un glaseado suave pero bastante espeso. Divide las galletas mientras aún estén calientes, déjalas enfriar y cuajar.

galletas de cereza

Hace 48

100 g/4 oz/½ taza de mantequilla o margarina, ablandada

100 g/4 oz/½ taza de azúcar (superfina)

1 huevo batido

5 ml/1 cucharadita de esencia de vainilla (extracto)

225 g/8 oz/2 tazas de harina común (para todo uso)

50 g/2 oz/¼ taza de cerezas glaseadas (confitadas), picadas

Batir la mantequilla o margarina y el azúcar hasta que esté suave y esponjosa. Incorpora poco a poco el huevo y la esencia de vainilla, luego incorpora la harina y las cerezas y amasa hasta obtener una masa suave. Forme una bola, envuélvala en film transparente (film plástico) y déjela enfriar durante 1 hora.

Estirar la masa hasta que tenga un grosor de 5 mm y cortar círculos con un cortador de galletas. Colóquelos en una bandeja para hornear engrasada y hornee en el horno precalentado a 200 °C/400 °F/termostato 6 durante 10 minutos hasta que se doren. Deje enfriar en la bandeja durante 5 minutos antes de transferirlo a una rejilla para que se enfríe.

Aros de cereza y almendra

Hace 24

100 g/4 oz/½ taza de mantequilla o margarina, ablandada

100 g / 4 oz / ½ taza de azúcar (superfina), más un poco más para espolvorear

1 huevo, separado

225 g/8 oz/2 tazas de harina común (para todo uso)

5 ml/1 cucharadita de levadura en polvo

5 ml/1 cucharadita de piel de limón rallada

60 ml/4 cucharadas de cerezas glaseadas (confitadas)

50 g/2 oz/½ taza de almendras fileteadas (rebanadas)

Batir la mantequilla o margarina y el azúcar hasta que esté suave y esponjosa. Incorpora poco a poco la yema de huevo, luego incorpora la harina, la levadura en polvo, la ralladura de limón y las cerezas, terminando con las manos hasta que la mezcla espese. Estirar hasta que tenga un grosor de 5 mm/¼ y cortar en rodajas de 6 cm/2¼ con un cortador de galletas (galletas) y luego cortar los centros con un cortador de 2 cm/¾. Coloca las galletas bien separadas en una bandeja para horno engrasada y pinchalas con un tenedor. Hornee en horno precalentado a 180 °C/350 °F/termostato de gas 4 durante 10 minutos. Pincelar con clara de huevo y espolvorear con las almendras y el azúcar, luego meter en el horno 5 minutos más hasta que esté ligeramente dorado.

Galletas De Mantequilla De Chocolate

Hace 24

100 g/4 oz/½ taza de mantequilla o margarina

50 g/2 oz/¼ taza de azúcar (superfina)

100 g / 4 oz / 1 taza de harina con levadura (autoleudante)

30 ml/2 cucharadas de cacao en polvo (chocolate sin azúcar)

Batir la mantequilla o margarina y el azúcar hasta que esté suave y esponjosa. Agrega la harina y el cacao hasta que estén firmes. Forme bolas grandes del tamaño de una nuez y colóquelas bien separadas en una bandeja para hornear engrasada (galletas), luego presione ligeramente con un tenedor para aplanar. Hornea las galletas (galletas) en el horno precalentado a 180°C/350°F/termostato 4 durante 15 minutos hasta que se doren.

Rollitos de chocolate y cerezas

Hace 24

100 g/4 oz/½ taza de mantequilla o margarina, ablandada

100 g/4 oz/½ taza de azúcar (superfina)

1 huevo

2,5 ml/½ cucharadita de esencia de vainilla (extracto)

225 g/8 oz/2 tazas de harina común (para todo uso)

5 ml/1 cucharadita de levadura en polvo

Una pizca de sal

25 g/1 oz/¼ taza de cacao en polvo (chocolate sin azúcar)

25 g/2 cucharadas de cerezas confitadas, picadas

Batir la mantequilla y el azúcar hasta que estén suaves y esponjosos. Incorpora poco a poco el huevo y la esencia de vainilla, luego agrega la harina, el polvo para hornear y la sal hasta formar una masa firme. Dividir la masa por la mitad y mezclar el cacao en una mitad y las cerezas en la otra mitad. Envolver en film transparente (film transparente) y dejar enfriar durante 30 minutos.

Estirar cada trozo de masa formando un rectángulo de unos 3 mm de grosor, colocar un trozo encima del otro y presionar suavemente con el rodillo. Enrollar por el lado más largo y presionar suavemente. Cortar en rodajas gruesas de 1 cm/½ y disponerlas bien separadas sobre una bandeja de horno engrasada. Hornee en el horno precalentado a 200 °C/400 °F/termostato 6 durante 10 minutos.

Galletas con chispas de chocolate

Hace 24

75 g/3 oz/1/3 taza de mantequilla o margarina

175 g/6 oz/1½ tazas de harina para todo uso

5 ml/1 cucharadita de levadura en polvo

Una pizca de bicarbonato de sodio (bicarbonato de sodio)

50 g/2 oz/¼ taza de azúcar moreno suave

45 ml/3 cucharadas de almíbar dorado (maíz claro)

100 g / 4 oz / 1 taza de chispas de chocolate

Frote la mantequilla o margarina con la harina, el polvo para hornear y la soda hasta que la mezcla parezca pan rallado. Agregue el azúcar, el almíbar y las chispas de chocolate y mezcle hasta que se forme una masa suave. Forme bolitas y colóquelas en una bandeja para hornear engrasada (galletas) y presione ligeramente para aplanar. Hornea las galletas (galletas) en el horno precalentado a 190°C/375°F/termostato 5 durante 15 minutos hasta que estén doradas.

Galletas con chips de chocolate y plátano

Hace 24

75 g/3 oz/1/3 taza de mantequilla o margarina

175 g/6 oz/1½ tazas de harina para todo uso

5 ml/1 cucharadita de levadura en polvo

2,5 ml/½ cucharadita de bicarbonato (bicarbonato de sodio)

50 g/2 oz/¼ taza de azúcar moreno suave

45 ml/3 cucharadas de almíbar dorado (maíz claro)

50 g/2 oz/½ taza de chispas de chocolate

50 g/2 oz/½ taza de chips de plátano secos, picados en trozos grandes

Frote la mantequilla o margarina con la harina, el polvo para hornear y la soda hasta que la mezcla parezca pan rallado. Agregue el azúcar, el almíbar, el chocolate y las chispas de plátano y mezcle hasta obtener una masa suave. Forme bolitas y colóquelas en una bandeja para hornear engrasada (galletas) y presione ligeramente para aplanar. Hornea las galletas (galletas) en el horno precalentado a 190°C/375°F/termostato 5 durante 15 minutos hasta que estén doradas.

Bocadillos de chocolate y nueces

Hace 24

50 g/2 oz/¼ taza de mantequilla o margarina, ablandada

175 g/6 oz/¾ taza de azúcar (superfina)

1 huevo

5 ml/1 cucharadita de esencia de vainilla (extracto)

25 g/1 oz/¼ taza de chocolate amargo (semidulce), derretido

100 g / 4 oz / 1 taza de harina común (para todo uso)

5 ml/1 cucharadita de levadura en polvo

Una pizca de sal

30 ml/2 cucharadas de leche

25 g/1 oz/¼ taza de nueces mixtas picadas

Azúcar glas (repostería), tamizada, para espolvorear

Batir la mantequilla o margarina y el azúcar en polvo hasta que esté suave y esponjosa. Incorpora poco a poco el huevo y la esencia de vainilla, luego agrega el chocolate. Mezcle la harina, el polvo para hornear y la sal y mezcle esto alternativamente con la leche en la mezcla. Agregue las nueces, cubra y refrigere por 3 horas.

Forme bolitas de 3 cm/1½ con la mezcla y páselas por el azúcar glas. Colóquelas en una bandeja para hornear (galletas) ligeramente engrasada y hornee en el horno precalentado a 180 °C/350 °F/termostato 4 durante 15 minutos hasta que se doren ligeramente. Servir espolvoreado con azúcar glas.

Galletas americanas con chispas de chocolate

hace 20

225 g/8 oz/1 taza de manteca de cerdo (manteca vegetal)

225 g/8 oz/1 taza de azúcar moreno suave

100 g/4 oz/½ taza de azúcar granulada

5 ml/1 cucharadita de esencia de vainilla (extracto)

2 huevos, ligeramente batidos

175 g/6 oz/1½ tazas de harina para todo uso

5 ml/1 cucharadita de sal

5 ml/1 cucharadita de bicarbonato (bicarbonato de sodio)

225 g/8 oz/2 tazas de avena

350 g/12 oz/3 tazas de chispas de chocolate

Batir la manteca de cerdo, el azúcar y la esencia de vainilla hasta que esté suave y esponjoso. Incorpora poco a poco los huevos. Agrega la harina, la sal, el bicarbonato de sodio y la avena, luego agrega las chispas de chocolate. Coloque cucharadas de la mezcla en bandejas para hornear engrasadas y hornee en un horno precalentado a 180 °C/350 °F/termostato de gas 4 durante unos 10 minutos hasta que se doren.

Cremas de chocolate

Hace 24

175 g/6 oz/¾ taza de mantequilla o margarina, ablandada

175 g/6 oz/¾ taza de azúcar (superfina)

225 g / 8 oz / 2 tazas de harina con levadura

75 g/3 oz/¾ taza de coco seco (rallado)

100 g/4 oz/4 tazas de copos de maíz, triturados

25 g/1 oz/¼ taza de cacao en polvo (chocolate sin azúcar)

60 ml/4 cucharadas de agua hirviendo

100 g/4 oz/1 taza de chocolate amargo (semidulce)

Mezcle la mantequilla o margarina y el azúcar y agregue la harina, el coco y los copos de maíz. Mezcla el cacao con el agua hirviendo y luego revuélvelo con la mezcla. Forme bolas de 2,5 cm/1 pulgada, colóquelas en una bandeja para hornear engrasada (galletas) y presione ligeramente con un tenedor para aplanar. Hornee en horno precalentado a 180 °C/350 °F/termostato de gas 4 durante 15 minutos hasta que se doren.

Derrita el chocolate en un recipiente resistente al calor sobre una cacerola con agua hirviendo a fuego lento. Extienda sobre la parte superior de la mitad de las galletas (galletas) y presione la otra mitad encima. Dejar enfriar.

Chips de chocolate y galletas de avellanas

Hace 16

200 g/7 oz/escaso 1 taza de mantequilla o margarina, ablandada

50 g/2 oz/¼ taza de azúcar (superfina)

100 g/4 oz/½ taza de azúcar moreno suave

10 ml/2 cucharaditas de esencia de vainilla (extracto)

1 huevo batido

275 g/10 oz/2½ tazas de harina común (para todo uso)

50 g/2 oz/½ taza de cacao en polvo (chocolate sin azúcar)

5 ml/1 cucharadita de levadura en polvo

75 g/3 oz/¾ taza de avellanas

225 g / 8 oz / 2 tazas de chocolate blanco, picado

Batir la mantequilla o margarina, el azúcar y la esencia de vainilla hasta que estén pálidos y esponjosos y agregar el huevo. Agrega la harina, el cacao y el polvo para hornear. Agrega las nueces y el chocolate hasta que la mezcla espese. Forme 16 bolas y extiéndalas uniformemente en una bandeja para hornear engrasada y forrada (galletas), luego aplánelas ligeramente con el dorso de una cuchara. Hornee en un horno precalentado a 160 °C/325 °F/termostato de gas 3 durante unos 15 minutos hasta que esté bien cocido pero aún ligeramente suave.

Galletas de chocolate y nuez moscada

Hace 24

50 g/2 oz/¼ taza de mantequilla o margarina, ablandada

100 g/4 oz/½ taza de azúcar (superfina)

15 ml/1 cucharada de cacao en polvo (chocolate sin azúcar)

1 yema de huevo

2,5 ml/½ cucharadita de esencia de vainilla (extracto)

150 g/5 oz/1¼ tazas de harina común (para todo uso)

5 ml/1 cucharadita de levadura en polvo

Una pizca de nuez moscada rallada

60 ml/4 cucharadas de crema agria (agria láctea)

Batir la mantequilla o margarina y el azúcar hasta que esté suave y esponjosa. Incorpora el cacao. Incorpora la yema de huevo y la esencia de vainilla, luego agrega la harina, el polvo para hornear y la nuez moscada. Incorpora la crema hasta que quede suave. Tapar y dejar enfriar.

Estirar la masa hasta obtener un espesor de 5 mm y cortar con un cortador de 5 cm. Coloque las galletas (galletas) en una bandeja para hornear (galletas) sin engrasar y hornee en el horno precalentado a 200°C/400°F/termostato 6 durante 10 minutos hasta que estén doradas.

Galletas con cobertura de chocolate

Hace 16

175 g/6 oz/¾ taza de mantequilla o margarina, ablandada

75 g/3 oz/1/3 taza de azúcar en polvo (superfina)

175 g/6 oz/1½ tazas de harina para todo uso

50 g/2 oz/½ taza de arroz molido

75 g/3 oz/¾ taza de chispas de chocolate

100 g/4 oz/1 taza de chocolate amargo (semidulce)

Batir la mantequilla o margarina y el azúcar hasta que esté suave y esponjosa. Incorpora la harina y el arroz molido y amasa con las chispas de chocolate. Presione en un molde para panecillos suizos engrasado (pan para panecillos de gelatina) y pinche con un tenedor. Hornee en horno precalentado a 160 °C/325 °F/termostato de gas 3 durante 30 minutos hasta que se doren. Marcar con los dedos mientras aún estén calientes y luego dejar enfriar por completo.

Derrita el chocolate en un recipiente resistente al calor sobre una cacerola con agua hirviendo a fuego lento. Dividir sobre las galletas (galletas) y dejar enfriar y reposar antes de cortarlas en dedos. Almacenar en un recipiente hermético.

Galletas tipo sándwich con café y chocolate.

Hace 40

Para las galletas (galletas):

175 g/6 oz/¾ taza de mantequilla o margarina

25 g/1 oz/2 cucharadas de manteca de cerdo (manteca vegetal)

450 g/1 lb/4 tazas de harina común (para todo uso)

Una pizca de sal

100 g/4 oz/½ taza de azúcar moreno suave

5 ml/1 cucharadita de bicarbonato (bicarbonato de sodio)

60 ml/4 cucharadas de café negro fuerte

5 ml/1 cucharadita de esencia de vainilla (extracto)

100 g / 4 oz / 1/3 taza de almíbar dorado (maíz claro)

Para el llenado:

10 ml/2 cucharaditas de café instantáneo en polvo

10 ml/2 cucharadita de agua hirviendo

50 g/2 oz/¼ taza de azúcar (superfina)

25 g/2 cucharadas de mantequilla o margarina

15 ml/1 cucharada de leche

Para hacer las galletas, frote la mantequilla o margarina y la manteca de cerdo con la harina y la sal hasta que la mezcla parezca pan rallado, luego agregue el azúcar moreno. Mezcla el bicarbonato de sodio con un poco de café, luego agrega esto a la mezcla con el resto del café, la esencia de vainilla y el almíbar y mezcla hasta obtener una masa suave. Colocar en un bol ligeramente engrasado, cubrir con film transparente (film plástico) y dejar toda la noche.

Extienda la masa sobre una superficie ligeramente enharinada hasta que tenga un grosor de aproximadamente 1 cm y córtela en rectángulos de 2 x 7,5 cm. Marque cada uno con un tenedor para crear un patrón acanalado. Coloque en una bandeja para hornear engrasada (galletas) y hornee en un horno precalentado a 200°C/400°F/termostato 6 durante 10 minutos hasta que se doren. Dejar enfriar sobre una rejilla.

Para hacer el relleno, disuelva el café en polvo en el agua hirviendo en una cacerola pequeña, agregue el resto de los ingredientes y deje hervir. Cocine por 2 minutos, luego retire del fuego y bata hasta que espese y se enfríe. El sándwich combina las galletas con el relleno.

galletas de Navidad

Hace 24

100 g/4 oz/½ taza de mantequilla o margarina, ablandada

100 g/4 oz/½ taza de azúcar (superfina)

225 g/8 oz/2 tazas de harina común (para todo uso)

Una pizca de sal

5 ml/1 cucharadita de canela molida

1 yema de huevo

10 ml/2 cucharaditas de agua fría

Unas gotas de esencia de vainilla (extracto)

Para el glaseado (glaseado):
225 g/8 oz/11/3 tazas de azúcar glas (repostería), tamizada

30 ml/2 cucharadas de agua

Colorante alimentario (opcional)

Batir la mantequilla y el azúcar hasta que estén suaves y esponjosos. Incorpora la harina, la sal y la canela, mezcla la yema de huevo, el agua y la esencia de vainilla y mezcla hasta obtener una masa firme. Envolver en film transparente (film transparente) y dejar enfriar durante 30 minutos.

Estire la masa hasta obtener un grosor de 5 mm/¼ y corte formas navideñas con un cortador de galletas o un cuchillo afilado. Haz un agujero en la parte superior de cada galleta si quieres colgarlas en un árbol. Coloque los moldes en una bandeja para hornear engrasada y hornee en el horno precalentado a 200 °C/400 °F/termostato 6 durante 10 minutos hasta que se doren. Dejar enfriar.

Para hacer el glaseado, mezcla poco a poco el agua con el azúcar glas hasta tener un glaseado bastante espeso. Tiñe pequeñas cantidades de diferentes colores, si lo deseas. Coloque patrones en las galletas y déjelas reposar. Pase un lazo de cinta o alambre a través del orificio para colgar.

galletas de coco

Hace 32

50 g/2 oz/3 cucharadas de almíbar dorado (maíz claro)

150 g/5 oz/2/3 taza de mantequilla o margarina

100 g/4 oz/½ taza de azúcar (superfina)

100 g / 4 oz / 1 taza de harina común (para todo uso)

75 g/3 oz/¾ taza de avena

50 g/2 oz/½ taza de coco seco (rallado)

10 ml/2 cucharadita de bicarbonato (bicarbonato de sodio)

15 ml/1 cucharada de agua caliente

Derretir el almíbar, la mantequilla o margarina y el azúcar. Agrega la harina, la avena y el coco seco. Mezcla el bicarbonato de sodio con el agua caliente y luego agrega los demás ingredientes. Deje que la mezcla se enfríe un poco, luego divídala en 32 trozos y forme una bola con cada uno. Aplana las galletas (galletas) y colócalas en bandejas para horno engrasadas (galletas). Hornee en horno precalentado a 160 °C/325 °F/termostato de gas 3 durante 20 minutos hasta que se doren.

Galletas de maíz con crema de frutas

Hace 12

150 g/5 oz/1¼ tazas de harina integral (integral)

150 g/5 oz/1¼ tazas de harina de maíz

10 ml/2 cucharaditas de levadura en polvo

Una pizca de sal

225 g/8 oz/1 taza de yogur

75 g/3 oz/¼ taza de miel clara

2 huevos

45 ml/3 cucharadas de aceite

Para la crema de frutas:

150 g de mantequilla o margarina, blanda

Jugo de 1 limón

Unas gotas de esencia de vainilla (extracto)

30 ml/2 cucharadas de azúcar en polvo (superfina)

225 g/8 oz de fresas

Mezclar la harina, la harina de maíz, el polvo para hornear y la sal. Agregue el yogur, la miel, los huevos y el aceite y mezcle hasta obtener una masa suave. Estirar sobre una superficie ligeramente enharinada hasta obtener un grosor de aproximadamente 1 cm y cortar en círculos grandes. Colóquelas en una bandeja para hornear engrasada (galletas) y hornee en el horno precalentado a 200°C/400°F/termostato 6 durante 15 minutos hasta que se doren.

Para hacer la crema de frutas, mezcla la mantequilla o margarina, el jugo de limón, la esencia de vainilla y el azúcar. Reserva unas cuantas fresas para decorar, haz puré el resto y frota con un colador (tamiz) si prefieres la nata sin pepitas. Mezclar con la mezcla de mantequilla y dejar enfriar. Vierta o coloque una roseta de crema sobre cada galleta antes de servir.

galletas de cornualles

hace 20

225 g / 8 oz / 2 tazas de harina con levadura

Una pizca de sal

100 g/4 oz/½ taza de mantequilla o margarina

175 g/6 oz/2/3 taza de azúcar (superfina)

1 huevo

Azúcar glas (repostería), tamizada, para espolvorear

Mezcle la harina y la sal en un bol y frote con la mantequilla o margarina hasta que la mezcla parezca pan rallado. Agrega el azúcar. Agregue el huevo y amase hasta obtener una masa suave. Estirar finamente sobre una superficie ligeramente enharinada y cortar en rodajas.

Colóquelas en una bandeja para hornear engrasada (galletas) y hornee en el horno precalentado a 200°C/400°F/termostato 6 durante unos 10 minutos hasta que estén doradas.

Galletas integrales de grosella

Hace 36

100 g/4 oz/½ taza de mantequilla o margarina, ablandada

50 g/2 oz/¼ taza de azúcar demerara

2 huevos, separados

100 g/4 oz/2/3 taza de grosellas

225 g / 8 oz / 2 tazas de harina integral (integral)

100 g / 4 oz / 1 taza de harina común (para todo uso)

5 ml/1 cucharadita de especias molidas mixtas (tarta de manzana)

150 ml/¼ pt/2/3 taza de leche, más extra para el cepillado

Batir la mantequilla o margarina y el azúcar hasta que estén suaves y esponjosos. Batir las yemas de huevo y luego agregar las grosellas. Mezcle la harina y las hierbas mixtas y agregue a la mezcla con la leche. Batir las claras hasta que formen picos suaves y luego incorporarlas a la mezcla para formar una masa suave. Extienda la masa sobre una superficie ligeramente enharinada y luego córtela con un cortador de galletas de 5 cm/2 pulgadas. Coloque en una bandeja para hornear engrasada (galletas) y unte con leche. Hornee en el horno precalentado a 180 °C/350 °F/termostato 4 durante 20 minutos hasta que se doren.

Galletas de rollo de dátiles

Hace 30

225 g/1 taza de mantequilla o margarina, ablandada

450 g/1 lb/2 tazas de azúcar moreno blando

225 g/8 oz/2 tazas de avena

225 g/8 oz/2 tazas de harina común (para todo uso)

2,5 ml/½ cucharadita de bicarbonato (bicarbonato de sodio)

Una pizca de sal

120 ml/4 fl oz/½ taza de leche

225 g/8 oz/2 tazas de dátiles sin hueso (sin hueso), muy finamente picados

250 ml/8 fl oz/1 taza de agua

Batir la mantequilla o margarina y la mitad del azúcar hasta que esté suave y esponjosa. Mezclar los ingredientes secos y agregar a la mezcla de crema alternando con la leche hasta obtener una masa firme. Estirar sobre una tabla ligeramente enharinada y cortar círculos con un cortador de galletas. Colóquelas en una bandeja para hornear engrasada (galletas) y hornee en el horno precalentado a 180°C/350°F/termostato 4 durante 10 minutos hasta que estén doradas.

Coloque todos los demás ingredientes en una cacerola y déjelos hervir. Reduzca el fuego y cocine a fuego lento durante 20 minutos hasta que espese, revolviendo ocasionalmente. Dejar enfriar. Sandwich las galletas junto con el relleno.

Galletas digestivas (Graham Crackers)

Hace 24

175 g/6 oz/1½ tazas de harina integral (integral)

50 g/2 oz/½ taza de harina común (para todo uso)

50 g/2 oz/½ taza de avena mediana

2,5 ml/½ cucharadita de sal

5 ml/1 cucharadita de levadura en polvo

100 g/4 oz/½ taza de mantequilla o margarina

30 ml/2 cucharadas de azúcar moreno blando

60 ml/4 cucharadas de leche

Mezcle la harina, la avena, la sal y el polvo para hornear, luego agregue la mantequilla o margarina y mezcle con el azúcar. Agrega poco a poco la leche y mezcla hasta obtener una masa suave. Amasar bien hasta que ya no esté pegajoso. Estirar hasta que tenga 5 mm/¼ de grosor y cortar en rodajas de 5 cm/2 con un cortador de galletas. Colóquelas en una bandeja para hornear engrasada (galletas) y hornee en el horno precalentado a 180°C/350°F/termostato 4 durante unos 15 minutos.

galletas de pascua

hace 20

75 g/3 oz/1/3 taza de mantequilla o margarina, ablandada

100 g/4 oz/½ taza de azúcar (superfina)

1 yema de huevo

150 g / 6 oz / 1½ tazas de harina con levadura

5 ml/1 cucharadita de especias molidas mixtas (tarta de manzana)

15 ml/1 cucharada de piel mixta (confitada) picada

50 g/2 oz/1/3 taza de grosellas

15 ml/1 cucharada de leche

Azúcar en polvo (superfina) para espolvorear

Batir la mantequilla o margarina y el azúcar hasta que esté cremoso. Batir la yema de huevo, luego incorporar la harina y las hierbas mixtas. Agregue la ralladura y las grosellas con suficiente leche para formar una masa firme. Estirar hasta que tenga aproximadamente 5 mm/¼ de grosor y cortar en rodajas de 5 cm/2 con un cortador de galletas. Coloca las galletas en una bandeja para hornear engrasada (cookies) y pinchalas con un tenedor. Hornee en el horno precalentado a 180 °C/350 °F/termostato 4 durante unos 20 minutos hasta que se doren. Espolvorea con azúcar.

florentinos

Hace 40

100 g/4 oz/½ taza de mantequilla o margarina

100 g/4 oz/½ taza de azúcar (superfina)

15 ml/1 cucharada de nata doble (espesa)

100 g/4 oz/1 taza de nueces mixtas picadas

75 g/3 oz/½ taza de pasas (pasas doradas)

50 g/2 oz/¼ taza de cerezas glaseadas (confitadas)

Derretir la mantequilla o margarina, el azúcar y la nata en una sartén a fuego lento. Retire del fuego y agregue las nueces, las pasas y las cerezas confitadas. Deje que las cucharaditas se deshagan bien en bandejas para hornear (galletas) engrasadas y forradas con papel de arroz. Hornee en horno precalentado a 180 °C/350 °F/termostato de gas 4 durante 10 minutos. Deje enfriar en las hojas durante 5 minutos, luego transfiéralo a una rejilla para que se enfríe, recortando el exceso de papel de arroz.

Florentinas de chocolate

Hace 40

100 g/4 oz/½ taza de mantequilla o margarina

100 g/4 oz/½ taza de azúcar (superfina)

15 ml/1 cucharada de nata doble (espesa)

100 g/4 oz/1 taza de nueces mixtas picadas

75 g/3 oz/½ taza de pasas (pasas doradas)

50 g/2 oz/¼ taza de cerezas glaseadas (confitadas)

100 g/4 oz/1 taza de chocolate amargo (semidulce)

Derretir la mantequilla o margarina, el azúcar y la nata en una sartén a fuego lento. Retire del fuego y agregue las nueces, las pasas y las cerezas confitadas. Deje que las cucharaditas se deshagan bien en bandejas para hornear (galletas) engrasadas y forradas con papel de arroz. Hornee en horno precalentado a 180 °C/350 °F/termostato de gas 4 durante 10 minutos. Deje enfriar en las hojas durante 5 minutos, luego transfiéralo a una rejilla para que se enfríe, recortando el exceso de papel de arroz.

Derrita el chocolate en un recipiente resistente al calor colocado sobre una cacerola con agua hirviendo a fuego lento. Dividir sobre las galletas (galletas) y dejar enfriar y cuajar.

Florentinos de chocolate de lujo

Hace 40

100 g/4 oz/½ taza de mantequilla o margarina

100 g/4 oz/½ taza de azúcar moreno suave

15 ml/1 cucharada de nata doble (espesa)

50 g/2 oz/¼ taza de almendras picadas

50 g/2 oz/¼ taza de avellanas picadas

75 g/3 oz/½ taza de pasas (pasas doradas)

50 g/2 oz/¼ taza de cerezas glaseadas (confitadas)

100 g/4 oz/1 taza de chocolate amargo (semidulce)

50 g/2 oz/½ taza de chocolate blanco

Derretir la mantequilla o margarina, el azúcar y la nata en una sartén a fuego lento. Retire del fuego y agregue las nueces, las pasas y las cerezas confitadas. Deje que las cucharaditas se deshagan bien en bandejas para hornear (galletas) engrasadas y forradas con papel de arroz. Hornee en horno precalentado a 180 °C/350 °F/termostato de gas 4 durante 10 minutos. Deje enfriar en las hojas durante 5 minutos, luego transfiéralo a una rejilla para que se enfríe, recortando el exceso de papel de arroz.

Derrita el chocolate amargo en un recipiente resistente al calor colocado sobre una cacerola con agua hirviendo a fuego lento. Dividir sobre las galletas (galletas) y dejar enfriar y cuajar. Derrita el chocolate blanco de la misma manera en un recipiente limpio y luego espolvoree líneas de chocolate blanco en un patrón aleatorio sobre las galletas.

Galletas de nueces dulces

Hace 30

75 g/3 oz/1/3 taza de mantequilla o margarina, ablandada

200 g/7 oz/escasa 1 taza de azúcar en polvo (superfina)

1 huevo, ligeramente batido

100 g/4 oz/½ taza de requesón

5 ml/1 cucharadita de esencia de vainilla (extracto)

150 g/5 oz/1¼ tazas de harina común (para todo uso)

25 g/1 oz/¼ taza de cacao en polvo (chocolate sin azúcar)

2,5 ml/½ cucharadita de levadura en polvo

1,5 ml/¼ cucharadita de bicarbonato (bicarbonato de sodio)

Una pizca de sal

25 g/1 oz/¼ taza de nueces mixtas picadas

25 g/1 oz/2 cucharadas de azúcar granulada

Batir la mantequilla o margarina y el azúcar en polvo hasta que esté suave y esponjosa. Incorpora poco a poco el huevo y el requesón. Agregue los ingredientes restantes excepto el azúcar granulada y mezcle hasta obtener una masa suave. Envolver en film transparente (film transparente) y dejar enfriar durante 1 hora.

Enrolle la masa en bolitas del tamaño de una nuez y enróllelas en azúcar granulada. Coloque las galletas (galletas) en una bandeja para hornear (galletas) engrasada y hornee en el horno precalentado a 180°C/350°F/termostato de gas 4 durante 10 minutos.

Galletas heladas alemanas

Hace 12

50 g/2 oz/¼ taza de mantequilla o margarina

100 g / 4 oz / 1 taza de harina común (para todo uso)

25 g/1 oz/2 cucharadas de azúcar en polvo (superfina)

60 ml/4 cucharadas de mermelada de moras (enlatada)

100 g de azúcar glas (repostería) tamizada

15 ml/1 cucharada de jugo de limón

Frote la mantequilla con la harina hasta que la mezcla parezca pan rallado. Agregue el azúcar y presione hasta formar una pasta. Estirar hasta obtener un grosor de 5 mm/¼ y cortar círculos con un cortapastas. Coloque en una bandeja para hornear engrasada (galletas) y hornee en un horno precalentado a 180°C/350°F/termostato 6 durante 10 minutos hasta que esté frío. Dejar enfriar.

El sándwich combina las galletas con la mermelada. Coloca el azúcar glas en un bol y haz un hueco en el centro. Incorpora poco a poco el jugo de limón para hacer un glaseado (glaseado). Espolvorea sobre las galletas y déjalas reposar.

Galletas de jengibre

Hace 24

300 g/10 oz/1¼ tazas de mantequilla o margarina, ablandada

225 g/8 oz/1 taza de azúcar moreno suave

75 g/3 oz/¼ taza de melaza negra (melaza)

1 huevo

250 g/9 oz/2¼ tazas de harina común (para todo uso)

10 ml/2 cucharadita de bicarbonato (bicarbonato de sodio)

2,5 ml/½ cucharadita de sal

5 ml/1 cucharadita de jengibre en polvo

5 ml/1 cucharadita de clavo molido

5 ml/1 cucharadita de canela molida

50 g/2 oz/¼ taza de azúcar granulada

Batir la mantequilla o margarina, el azúcar moreno, el almíbar de melaza y el huevo hasta que quede esponjoso. Mezclar la harina, el bicarbonato de sodio, la sal y las especias. Agregue la mezcla de mantequilla y amase hasta obtener una masa firme. Tapar y dejar enfriar durante 1 hora.

Formar bolitas con la masa y pasarlas por el azúcar granulada. Colócalas bien separadas en una bandeja de horno engrasada y espolvorea con un poco de agua. Hornee en horno precalentado a 190°C/375°F/gas 5 durante 12 minutos hasta que estén dorados y crujientes.

galletas de jengibre

Hace 24

100 g/4 oz/½ taza de mantequilla o margarina

225 g / 8 oz / 2 tazas de harina con levadura

5 ml/1 cucharadita de bicarbonato (bicarbonato de sodio)

5 ml/1 cucharadita de jengibre en polvo

100 g/4 oz/½ taza de azúcar (superfina)

45 ml/3 cucharadas de almíbar dorado (de maíz claro), calentado

Frote la mantequilla o margarina con la harina, el bicarbonato de sodio y el jengibre. Agregue el azúcar, mezcle el almíbar y amase hasta obtener una masa firme. Enróllelas en bolas del tamaño de una nuez, colóquelas bien separadas en una bandeja para horno engrasada (galletas) y presione ligeramente con un tenedor para aplanarlas. Hornea las galletas (galletas) en el horno precalentado a 190°C/375°F/termostato de gas 5 durante 10 minutos.

Los hombres de pan de jengibre

Hace alrededor de 16

350 g/12 oz/3 tazas de harina con levadura

Una pizca de sal

10 ml/2 cucharaditas de jengibre en polvo

100 g / 4 oz / 1/3 taza de almíbar dorado (maíz claro)

75 g/3 oz/1/3 taza de mantequilla o margarina

25 g/1 oz/2 cucharadas de azúcar en polvo (superfina)

1 huevo, ligeramente batido

Unas cuantas grosellas (opcional)

Mezclar la harina, la sal y el jengibre. Derretir el almíbar, la mantequilla o margarina y el azúcar en una cacerola. Deje que se enfríe un poco, luego bata el huevo con los ingredientes secos y mezcle hasta obtener una masa firme. Estirar sobre una superficie ligeramente enharinada hasta obtener un grosor de 5 mm y cortar con un cortador. El número que puede hacer depende del tamaño de sus cortadores. Colóquelas en una bandeja para hornear (galletas) ligeramente engrasada y presione suavemente las grosellas en las galletas (galletas) para formar ojos y botones, si lo desea. Hornee en un horno precalentado a 180°C/350°F/termostato de gas 4 durante 15 minutos hasta que esté dorado y firme al tacto.

Galletas integrales de jengibre

Hace 24

200 g/7 oz/1¾ tazas de harina integral (integral)

10 ml/2 cucharaditas de levadura en polvo

10 ml/2 cucharaditas de jengibre en polvo

100 g/4 oz/½ taza de mantequilla o margarina

50 g/2 oz/¼ taza de azúcar moreno suave

60 ml/4 cucharadas de miel clara

Mezcle la harina, el polvo para hornear y el jengibre. Derrita la mantequilla o margarina con el azúcar y la miel, agregue los ingredientes secos y mezcle hasta obtener una masa firme. Estirar sobre una superficie enharinada y cortar círculos con un cortador de galletas. Colóquelas en una bandeja para hornear engrasada (galletas) y hornee en un horno precalentado a 190 °C/375 °F/termostato 5 durante 12 minutos hasta que estén doradas y crujientes.

Galletas de jengibre y arroz

Hace 12

225 g/8 oz/2 tazas de harina común (para todo uso)

2,5 ml/½ cucharadita de macis molida

10 ml/2 cucharaditas de jengibre en polvo

75 g/3 oz/1/3 taza de mantequilla o margarina

175 g/6 oz/¾ taza de azúcar (superfina)

1 huevo batido

5 ml/1 cucharadita de jugo de limón

30 ml/2 cucharadas de arroz molido

Mezcle la harina y las especias, agregue la mantequilla o margarina hasta que la mezcla parezca pan rallado y luego agregue el azúcar. Mezcle el huevo y el jugo de limón hasta obtener una masa firme y amase suavemente hasta obtener una masa suave. Espolvorear una superficie de trabajo con arroz molido y extender la masa hasta obtener un espesor de 1 cm. Cortar en rodajas de 5 cm/2 con un cortapastas. Colóquelas en una bandeja para hornear engrasada (galletas) y hornee en un horno precalentado a 180°C/350°F/termostato 4 durante 20 minutos hasta que esté firme al tacto.

Galletas Doradas

Hace 36

75 g/3 oz/1/3 taza de mantequilla o margarina, ablandada

200 g/7 oz/escasa 1 taza de azúcar en polvo (superfina)

2 huevos, ligeramente batidos

225 g/8 oz/2 tazas de harina común (para todo uso)

10 ml/2 cucharaditas de levadura en polvo

5 ml/1 cucharadita de nuez moscada rallada

Una pizca de sal

Huevo o leche para glasear

Azúcar en polvo (superfina) para espolvorear

Batir la mantequilla o margarina y el azúcar hasta que esté cremoso. Agregue gradualmente los huevos, luego agregue la harina, el polvo para hornear, la nuez moscada y la sal y mezcle hasta formar una masa suave. Tapar y dejar reposar durante 30 minutos.

Extienda la masa sobre una superficie de trabajo ligeramente enharinada hasta obtener un grosor de unos 5 mm y corte círculos con un cortador de galletas. Colocar en una bandeja para horno engrasada, untar con huevo batido o leche y espolvorear con azúcar. Hornee en un horno precalentado a 200 °C/400 °F/termostato de gas 6 durante 8-10 minutos hasta que se doren.

galletas de avellana

Hace 24

100 g/4 oz/½ taza de mantequilla o margarina, ablandada

50 g/2 oz/¼ taza de azúcar (superfina)

100 g / 4 oz / 1 taza de harina común (para todo uso)

25 g/1 oz/¼ taza de avellanas molidas

Batir la mantequilla o margarina y el azúcar hasta que esté suave y esponjosa. Incorpora poco a poco la harina y las nueces hasta obtener una masa firme. Enróllelo en bolitas y colóquelas bien separadas en una bandeja para hornear engrasada (galletas). Hornea las galletas (galletas) en el horno precalentado a 180°C/350°F/termostato 4 durante 20 minutos.

Galletas crujientes de avellanas

Hace 40

100 g/4 oz/½ taza de mantequilla o margarina, ablandada

100 g/4 oz/½ taza de azúcar (superfina)

1 huevo batido

5 ml/1 cucharadita de esencia de vainilla (extracto)

175 g/6 oz/1½ tazas de harina para todo uso

50 g/2 oz/½ taza de avellanas molidas

50 g/2 oz/½ taza de avellanas picadas

Batir la mantequilla o margarina y el azúcar hasta que esté suave y esponjosa. Incorpora poco a poco el huevo y la esencia de vainilla, luego incorpora la harina, las avellanas molidas y las avellanas y amasa hasta formar una masa. Forme una bola, envuélvala en film transparente (film plástico) y déjela enfriar durante 1 hora.

Estirar la masa hasta que tenga un grosor de 5 mm y cortar círculos con un cortador de galletas. Colóquelos en una bandeja para hornear engrasada y hornee en el horno precalentado a 200 °C/400 °F/termostato 6 durante 10 minutos hasta que se doren.

Galletas de avellanas y almendras

Hace 24

100 g/4 oz/½ taza de mantequilla o margarina, ablandada

75 g/3 oz/½ taza de azúcar glas (repostería), tamizada

50 g/2 oz/1/3 taza de avellanas molidas

50 g / 2 oz / 1/3 taza de almendras molidas

100 g / 4 oz / 1 taza de harina común (para todo uso)

5 ml/1 cucharadita de esencia de almendras (extracto)

Una pizca de sal

Batir la mantequilla o margarina y el azúcar hasta que esté suave y esponjosa. Mezcle los ingredientes restantes hasta obtener una masa firme. Formar una bola, cubrir con film transparente (film plástico) y dejar enfriar durante 30 minutos.

Estirar la masa hasta que tenga un grosor de aproximadamente 1 cm y cortar círculos con un cortador de galletas. Colóquelos en una bandeja para hornear engrasada (galletas) y hornee en el horno precalentado a 180°C/350°F/termostato 4 durante 15 minutos hasta que estén dorados.

galletas de miel

Hace 24

75 g/3 oz/1/3 taza de mantequilla o margarina

100 g / 4 oz / 1/3 taza de miel

225 g / 8 oz / 2 tazas de harina integral (integral)

5 ml/1 cucharadita de levadura en polvo

Una pizca de sal

50 g/2 oz/¼ taza de azúcar mascabado

5 ml/1 cucharadita de canela molida

1 huevo, ligeramente batido

Derrita la mantequilla o margarina y la miel hasta que se mezclen. Remueva con los ingredientes restantes. Coloque cucharadas de la mezcla uniformemente en una bandeja para hornear engrasada y hornee en un horno precalentado a 180 °C/350 °F/termostato 4 durante 15 minutos hasta que se doren. Deje enfriar durante 5 minutos antes de transferirlo a una rejilla para que se enfríe.

Miel de Ratafías

Hace 24

2 claras de huevo

100 g / 4 oz / 1 taza de almendras molidas

Unas gotas de esencia de almendras (extracto)

100 g / 4 oz / 1/3 taza de miel clara

Papel de arroz

Batir las claras de huevo a punto de nieve. Incorpora suavemente las almendras, la esencia de almendras y la miel. Coloque cucharadas de la mezcla bien separadas en bandejas para hornear (galletas) forradas con papel de arroz y hornee en un horno precalentado a 180°C/350°F/termostato 4 durante 15 minutos hasta que se doren. Deje que se enfríe un poco y luego corte el papel para retirarlo.

Galletas de miel y suero de leche

Hace 12

50 g/2 oz/¼ taza de mantequilla o margarina

225 g / 8 oz / 2 tazas de harina con levadura

175 ml/6 fl oz/¾ taza de suero de leche

45 ml/3 cucharadas de miel clara

Frote la mantequilla o margarina con la harina hasta que la mezcla parezca pan rallado. Agregue el suero de leche y la miel y mezcle hasta obtener una masa firme. Colóquelo sobre una superficie ligeramente enharinada y amase hasta que quede suave, luego extiéndalo hasta obtener un grosor de 2 cm y córtelo en forma redonda de 5 cm con un cortador de galletas. Colóquelas en una bandeja para hornear engrasada (galletas) y hornee en el horno precalentado a 230°C/450°F/termostato 8 durante 10 minutos hasta que estén doradas.

Galletas De Mantequilla De Limón

hace 20

100 g / 4 oz / 1 taza de arroz molido

100 g / 4 oz / 1 taza de harina común (para todo uso)

75 g/3 oz/1/3 taza de azúcar en polvo (superfina)

Una pizca de sal

2,5 ml/½ cucharadita de levadura en polvo

100 g/4 oz/½ taza de mantequilla o margarina

Ralladura de 1 limón

1 huevo batido

Mezclar el arroz molido, la harina, el azúcar, la sal y la levadura. Frote la mantequilla hasta que la mezcla parezca pan rallado. Agregue la ralladura de limón y mezcle con suficiente huevo para formar una masa firme. Amasar suavemente, extender sobre una superficie de trabajo enharinada y cortar en forma con un cortador de galletas. Colóquelas en una bandeja para hornear engrasada (galletas) y hornee en un horno precalentado a 180 °C/350 °F/marca de gas 4 durante 30 minutos. Deje que se enfríe un poco sobre la bandeja y luego transfiéralo a una rejilla para que se enfríe por completo.

galletas de limon

Hace 24

100 g/4 oz/½ taza de mantequilla o margarina

100 g/4 oz/½ taza de azúcar (superfina)

1 huevo, ligeramente batido

225 g/8 oz/2 tazas de harina común (para todo uso)

5 ml/1 cucharadita de levadura en polvo

Ralladura de ½ limón

5 ml/1 cucharadita de jugo de limón

30 ml/2 cucharadas de azúcar demerara

Derrita la mantequilla o margarina y el azúcar en polvo a fuego lento, revolviendo constantemente, hasta que la mezcla comience a espesarse. Retire del fuego y agregue el huevo, la harina, el polvo para hornear, la ralladura de limón y el jugo y mezcle hasta formar una masa. Tapar y dejar enfriar durante 30 minutos.

Forme bolitas con la masa y colóquelas en una bandeja para hornear engrasada (galletas) y aplánelas con un tenedor. Espolvorea con el azúcar demerara. Hornee en horno precalentado a 180 °C/350 °F/termostato de gas 4 durante 15 minutos.

Momentos de fusión

Hace 16

100 g/4 oz/½ taza de mantequilla o margarina, ablandada

75 g/3 oz/1/3 taza de azúcar en polvo (superfina)

1 huevo batido

150 g/5 oz/1¼ tazas de harina común (para todo uso)

10 ml/2 cucharaditas de levadura en polvo

Una pizca de sal

8 cerezas glacé (confitadas), partidas por la mitad

Batir la mantequilla o margarina y el azúcar hasta que esté suave y esponjosa. Incorpora poco a poco el huevo y luego incorpora la harina, el polvo para hornear y la sal. Amasar suavemente hasta obtener una masa suave. Forme 16 bolas del mismo tamaño con la masa y colóquelas bien separadas en una bandeja para hornear engrasada (galletas). Aplana ligeramente y cubre cada uno con media cereza. Hornee en horno precalentado a 180 °C/350 °F/termostato de gas 4 durante 15 minutos. Deje enfriar en la bandeja durante 5 minutos y luego transfiéralo a una rejilla para que se enfríe.

galletas de muesli

Hace 24

100 g/4 oz/½ taza de mantequilla o margarina

100 g / 4 oz / 1/3 taza de miel clara

75 g/3 oz/1/3 taza de azúcar moreno suave

100 g / 4 oz / 1 taza de harina integral (integral)

100 g/4 oz/1 taza de copos de avena

50 g/2 oz/1/3 taza de pasas

50 g/2 oz/1/3 taza de pasas (pasas doradas)

50 g/2 oz/1/3 taza de dátiles sin hueso (sin hueso), picados

50 g/2 oz/1/3 taza de orejones listos para comer, picados

25 g/1 oz/¼ taza de nueces picadas

25 g/1 oz/¼ taza de avellanas picadas

Derretir la mantequilla o margarina con la miel y el azúcar. Agregue los ingredientes restantes y mezcle hasta obtener una masa firme. Coloque las cucharaditas en una bandeja para hornear engrasada (galletas) y aplánelas. Hornea las galletas (galletas) en el horno precalentado a 180°C/350°F/termostato 4 durante 20 minutos hasta que estén doradas.

Galletas De Nueces

Hace 24

350 g/12 oz/1½ tazas de mantequilla o margarina, ablandada

350 g/12 oz/1½ tazas de azúcar en polvo (superfina)

5 ml/1 cucharadita de esencia de vainilla (extracto)

350 g/12 oz/3 tazas de harina para todo uso

5 ml/1 cucharadita de bicarbonato (bicarbonato de sodio)

100 g/4 oz/1 taza de nueces mixtas picadas

Batir la mantequilla o margarina y el azúcar hasta que esté suave y esponjosa. Agregue los ingredientes restantes y mezcle hasta que estén bien combinados. Forme dos panecillos largos, cubra y enfríe durante 30 minutos hasta que esté firme.

Corta los rollitos en rodajas de 5 mm/¼ y colócalos en una bandeja para horno engrasada (galletas). Hornee las galletas (galletas) en un horno precalentado a 180°C/350°F/termostato de gas 4 durante 10 minutos hasta que estén ligeramente dorados.

Galletas Crujientes De Nueces

Hace 30

100 g/4 oz/½ taza de azúcar moreno suave

1 huevo batido

5 ml/1 cucharadita de esencia de vainilla (extracto)

45 ml/3 cucharadas de harina (para todo uso)

100 g/4 oz/1 taza de nueces mixtas picadas

Batir el azúcar con el huevo y la esencia de vainilla y mezclar con la harina y las nueces. Coloque cucharadas pequeñas en una bandeja para hornear (galletas) engrasada y enharinada y aplánelas ligeramente con un tenedor. Hornea las galletas (galletas) en el horno precalentado a 190°C/375°F/termostato de gas 5 durante 10 minutos.

Galletas Crujientes De Canela Y Nueces

Hace 24

100 g/4 oz/½ taza de mantequilla o margarina, ablandada

100 g/4 oz/½ taza de azúcar (superfina)

1 huevo, ligeramente batido

2,5 ml/½ cucharadita de esencia de vainilla (extracto)

175 g/6 oz/1½ tazas de harina para todo uso

2,5 ml/½ cucharadita de canela molida

2,5 ml/½ cucharadita de bicarbonato (bicarbonato de sodio)

100 g/4 oz/1 taza de nueces mixtas picadas

Batir la mantequilla o margarina y el azúcar hasta que esté cremoso. Incorpora poco a poco 60 ml/4 cucharadas de huevo y la esencia de vainilla. Agrega la harina, la canela, el bicarbonato y la mitad de las nueces. Presione en una lata para panecillos suizos engrasada y forrada (bandeja para panecillos de gelatina). Pincelar con el huevo restante y espolvorear con las nueces restantes, presionando suavemente. Hornea las galletas (galletas) en el horno precalentado a 180°C/350°F/termostato 4 durante 20 minutos hasta que estén doradas. Dejar enfriar en el molde antes de cortar en tiras.

Dedos avenados

Hace 24

200 g/7 oz/1¾ tazas de avena

75 g/3 oz/¾ taza de harina común (para todo uso)

5 ml/1 cucharadita de levadura en polvo

50 g/2 oz/¼ taza de mantequilla o margarina, derretida

Agua hirviendo

Mezcle la avena, la harina y el polvo para hornear y agregue la mantequilla o margarina derretida y suficiente agua hirviendo para formar una masa suave. Amasar sobre una superficie ligeramente enharinada hasta que esté firme, luego extender y cortar en dedos. Coloque en una bandeja para hornear engrasada (galletas) y hornee en un horno precalentado a 190°C/375°F/termostato 5 durante 10 minutos hasta que se doren.

www.ingramcontent.com/pod-product-compliance
Lightning Source LLC
Chambersburg PA
CBHW050148130526
44591CB00033B/1141